dr. Ingrid Verbeek
drs. Merijn van de Laar

# Behandeling van langdurige slapeloosheid

Dit boek, *Behandeling van langdurige slapeloosheid,* is onderdeel van de reeks Protocollen voor de GGZ.

Bij deze titel is tevens het werkboek voor cliënten te bestellen: *Verbeter je slaap, Werkboek voor de cliënt.*

## Serie Protocollen voor de GGZ

De boeken in de reeks Protocollen voor de GGZ geven een sessiegewijze omschrijving van de behandeling van een specifieke psychische aandoening weer. De theorie is beknopt en gestoeld op wetenschappelijke evidentie voor zover deze bekend is. Protocollen voor de GGZ is bedoeld voor psychologen, psychotherapeuten, psychiaters en andere hulpverleners.

## Bestellen

De boeken zijn te bestellen via de boekhandel of rechtstreeks via de webwinkel van uitgeverij Bohn Stafleu van Loghum: www.bsl.nl.

## Redactie

Dr. Marieke Pijnenborg is werkzaam als universitair hoofddocent aan de afdeling Klinische psychologie en experimentele psychopathologie van de Rijksuniversiteit Groningen. Daarnaast werkt zij als GZ-psycholoog en cognitief gedragstherapeut bij de TOPGGz afdeling Psychosecircuit van Drenthe.

Drs. Willemijn Scholten is GZ-psycholoog, psychotherapeut, cognitief gedragstherapeut en onderzoeker. Zij werkt op de TOP klinische academische polikliniek angst- en dwangstoornissen en op de onderzoeksafdeling van GGZ inGeest in Amsterdam.

## Redactie eerste druk

Dr. Claudi Bockting
Drs. Willemijn Scholten
Dr. Mascha ten Doesschate
Prof. dr. Chijs van Nieuwenhuizen

dr. Ingrid Verbeek
drs. Merijn van de Laar

# Behandeling van langdurige slapeloosheid

Tweede, herziene druk

Bohn
Stafleu
van Loghum

Springer Media

Houten 2015

**ISBN 978-90-368-0753-1**



NUR 777
Ontwerp omslag: Studio Bassa, Culemborg
Automatische opmaak: Crest Premedia Solutions (P) Ltd., Pune, India

Eerste druk 2010
Tweede, herziene druk 2015

Bohn Stafleu van Loghum
Het Spoor 2
Postbus 246
3990 GA Houten

www.bsl.nl

# Inhoud

# Over de auteurs

Ingrid Verbeek (1967) studeerde medische biologie aan de Universiteit Utrecht. Na diverse nascholingen in de cognitieve gedragstherapie heeft zij aan de wieg gestaan van het huidige Centrum voor Slaapgeneeskunde Kempenhaeghe, waar zij nog altijd werkt. Ze heeft daar in 1994 de niet-medicamenteuze behandeling van chronische slapeloosheid opgezet. In 2004 is zij gepromoveerd bij Ed Klip in Groningen *(Insomnia in perspective: diagnosis, treatment and education)*. In 2005 heeft zij meegewerkt aan de tv-cursus *Beter slapen? Doe-het-zelf!* van Teleac. In 2014 is zij geslaagd voor het Europese examen tot somnoloog. Zij werkt in een multidisciplinair team waar zij zich voornamelijk bezighoudt met het cognitief-gedragstherapeutisch behandelen van cliënten met chronische slapeloosheid, het nascholen van collega's in de eerste en tweede lijn en het verbeteren van de huidige behandelmethoden.

Merijn van de Laar (1979) studeerde neuropsychologie aan de Universiteit Maastricht. Vervolgens werkte hij bij verschillende instellingen in de geestelijke gezondheidszorg en volgde hij diverse nascholingen en vervolgopleidingen op het gebied van psychische problematiek en gedragstherapie. Inmiddels is hij werkzaam als gz-psycholoog en gedragstherapeut (VGCt) en werkt hij in een multidisciplinair team bij het Centrum voor Slaapgeneeskunde Kempenhaeghe. Naast psychodiagnostiek en het cognitief-gedragstherapeutisch behandelen van cliënten met chronische slapeloosheid houdt hij zich bezig met een promotieonderzoek naar de verbanden tussen persoonlijkheid en het voortduren van chronische slapeloosheidsklachten. Naast zijn aanstelling bij Kempenhaeghe werkt hij sinds 2012 als gedragswetenschapper aan de opleiding Huisartsgeneeskunde van de Universiteit Maastricht.

# Inleiding

**Samenvatting**
Voor u ligt het therapeutenboek Behandeling van langdurige slapeloosheid. Dit boek is bedoeld voor getrainde psychologen die langdurige slapeloosheid bij hun cliënten willen behandelen. Hierbij hoort het werkboek Verbeter je slaap voor de cliënt.

## 1.1 Theoretische achtergrond

Slapeloosheid of insomnie is de meest voorkomende slaapstoornis. Zij kan op zichzelf staan of onderdeel zijn van een medische of psychiatrische stoornis. In beide gevallen is aparte behandeling van de slapeloosheid nodig (Morin, 2012). De prevalentie van slapeloosheid is hoog. Matthews en collega's (Matthews, Arendt, McCarthy, Cuddihy, & Aloia, 2013) beschrijven slapeloosheid als een 'volksgezondheidscrisis' die tien tot vijftien procent van de volwassenen wereldwijd aangaat. Langdurige slapeloosheid heeft een negatieve impact op de kwaliteit van leven en de productiviteit. Bovendien is onbehandelde slapeloosheid een risicofactor voor het ontwikkelen van een depressie (Baglioni et al., 2011). Mensen die slecht slapen hebben een twee keer zo grote kans om een depressie te krijgen als mensen die niet slecht slapen. Vroege behandeling van slaapproblemen kan dan ook het risico op het krijgen van een depressie verkleinen en vormt daarom een apart behandeldoel.

De algemene definitie van langdurige slapeloosheid volgens de 'International Classification of Sleep Disorders' (American Academy of Sleep Medicine, 2014) is: minimaal drie nachten per week problemen met in- en/of doorslapen of een niet-herstellende slaap gedurende minimaal drie maanden. Overdag zijn er klachten zoals vermoeidheid, moeite met concentreren of onthouden, prikkelbaarheid, somberheid of slaperigheid. In de DSM-V is de term primaire insomnie vervangen door de diagnose 'insomniestoornis' om het onderscheid primair/secundair te vermijden als de slaapstoornis gelijktijdig voorkomt met andere stoornissen. Behandeling van de slapeloosheid vormt een apart behandeldoel, ook al is er bijkomende medische of psychiatrische problematiek (Harvey, 2009).

Een anamnese door een arts is belangrijk om eventuele medische oorzaken uit te sluiten. Denk hierbij aan mogelijke schildklierproblemen, pijn of organische slaapstoornissen (slaapapneu, rustelozebenensyndroom of nachtelijke bewegingsonrust). Diagnostiek en behandeling kan voor de grootste groep insomniapatiënten plaatsvinden in de eerste lijn bij huisarts en psycholoog. In enkele gevallen is verwijzing naar een slaapcentrum nodig voor nadere diagnostiek (Littner et al., 2003).

Hoewel bij langdurige slapeloosheid vaak slaapmedicatie voorgeschreven wordt, is de behandeling van eerste keus kortdurende cognitieve gedragstherapie bij insomnie (afgekort als CGT-I of slaaptherapie). Een meta-analyse naar de effectiviteit van CGT-I laat zien dat de effectgrootte van CGT-I matig tot groot is op het verkorten van de inslaaptijd (0,41–1,05) en het verbeteren van de slaapkwaliteit (0,94–1,14). De effectgrootte is klein tot matig op het aantal keer dat men 's nachts wakker wordt (0,25–0,83), de duur van het wakker zijn 's nachts (0,61–1,03) en de totale slaaptijd (0,15–0,49). Van zeventig tot tachtig procent van de patiënten verbetert de slaap (Riemann & Perlis, 2009). De effecten zijn vergelijkbaar met of beter dan die van slaapmedicatie.

Uit onderzoek blijkt dat CGT-I niet alleen goede behandelresultaten geeft wat betreft slaap, maar ook voor stemming en kwaliteit van leven (Morin et al., 2006; Verbeek, Konings, Aldenkamp, Declerck, & Klip, 2006). De behandelresultaten worden beter op het moment dat het slechte slapen apart wordt aangepakt, naast de behandeling voor onder andere depressie of angst. Wel is belangrijk dat de eventuele psychiatrische problematiek van tevoren of op zijn minst tegelijkertijd wordt behandeld (Van de Laar, Pevernage, Van Mierlo, & Overeem, 2014).

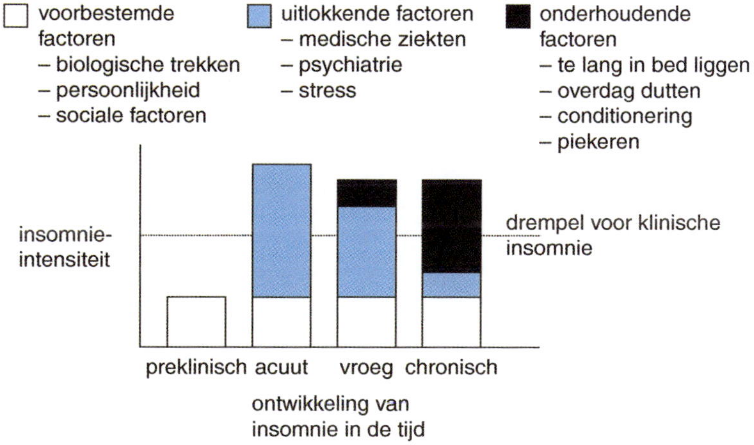


**Figuur 1.1** Driefactorenmodel van insomnie (gebaseerd op Spielman & Glovinsky, 1991)

De in dit boek beschreven CGT-I kan goed gecombineerd worden met bijvoorbeeld cognitieve gedragstherapie voor een depressie of angststoornis. Begin dan met de behandeling op het vlak waar de cliënt de meeste problemen ervaart.

De alternatieve behandeling voor slapeloosheid is de medicamenteuze. Er worden verschillende medicijnen gebruikt voor de behandeling van langdurige slapeloosheid. Van vrij verkrijgbare middelen tot antidepressiva en hypnotica. De duur van de behandeling en de frequentie en dosis zijn afhankelijk van de klinische situatie. CGT-I en medicatie kunnen elkaar aanvullen. Hypnotica hebben als voordeel dat ze snel en effectief (kunnen) zijn op de korte termijn. CGT-I zorgt juist voor verbeteringen in slaap die behouden blijven op de lange termijn en dat is een groot voordeel boven medicamenteuze behandeling. Langdurig hypnoticagebruik komt vooral voor bij ouderen, vrouwen, mensen met ernstige slapeloosheid en met meer psychosociale stress en gezondheidsproblemen. De meeste mensen die langdurig hypnotica gebruiken blijven op een stabiele dosis en gaan niet steeds meer nemen. Langdurig gebruik van hypnotica leidt vooral tot psychische afhankelijkheid. De fysiologische afhankelijkheid beperkt zich tot ontwenningsverschijnselen als men plots stopt. Het is belangrijk om de cliënt hierover goed te informeren (DGV, 2008). Met een geleidelijk afbouwschema zijn de ontwenningsverschijnselen tot een minimum te beperken. Een gesuperviseerd, geleidelijk afbouwschema gecombineerd met CGT-I geeft de beste resultaten (Bélanger, Belleville, & Morin, 2009).

Kortdurende CGT-I bestaat normaal gesproken uit zes sessies (Morin & Espie, 2003; Morgenthaler, 2006; Edinger, 2007). Dit protocol beschrijft ook zes sessies en twee follow-upbijeenkomsten. Uitgangspunt is het model van het ontstaan van langdurige slapeloosheid van Spielman en Glovinsky (1991) (figuur 1.1). Dit model gaat ervan uit dat bij het ontwikkelen van langdurige slapeloosheid sprake is van voorbestemde, uitlokkende en onderhoudende factoren. Voorbestemde factoren betreffen een gevoeligheid waardoor iemand als het ware 'voorbeschikt' is om een slaapprobleem te krijgen. Deze kan biologisch (genetisch) bepaald zijn, maar ook samenhangen met de persoonlijkheid (bijvoorbeeld perfectionisme) of sociale omstandigheden (bijv. wonen in gebieden waar het onveilig is).

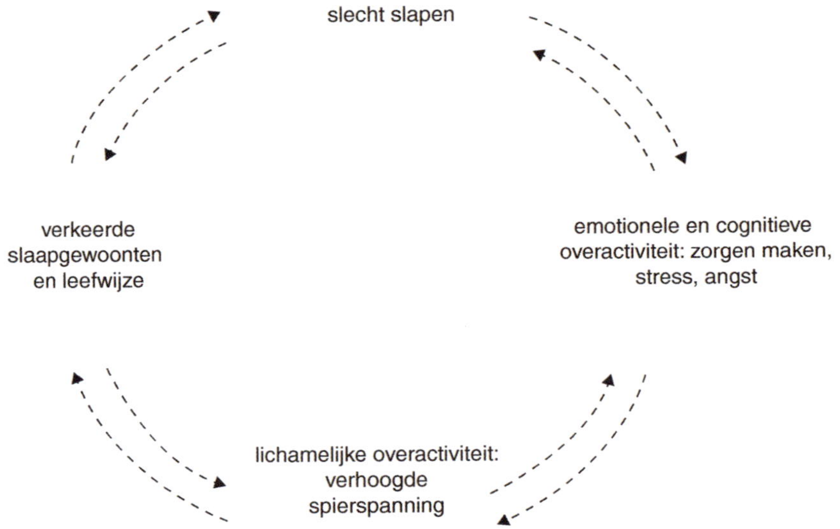


**Figuur 1.2** Algemeen model van langdurige slapeloosheid (gebaseerd op Morin, 1993, p. 57)

Bij acute slapeloosheid zijn er vaak uitlokkende factoren. Hierbij valt te denken aan een medisch probleem, een psychische stoornis of een stressvolle levensgebeurtenis. Normaal gesproken verdwijnt de acute slapeloosheid als de uitlokkende factor verdwijnt. Er kan echter sprake zijn van onderhoudende factoren die het slaapprobleem in stand houden. Voorbeelden hiervan zijn: lang in bed liggen, frequent dutten overdag, negatieve conditionering ten aanzien van het bed en de slaapkamer, en piekeren. De onderhoudende factoren maken dat iemand verstrikt raakt in een vicieuze cirkel van slapeloosheid.

## 1.2 Vicieuze cirkel

Of het slechte slapen chronisch wordt, wordt grotendeels bepaald door de manier waarop iemand omgaat met acute slapeloosheid, vooral zijn of haar gedachten hierover en zijn of haar gedrag hierbij. Als iemand gaat piekeren over het gebrek aan slaap en de gevolgen hiervan overdag kan er een vicieuze cirkel ontstaan. De hiermee vaak gepaard gaande cognitieve overactivering leidt zelf weer tot fysiologische en emotionele overactiviteit. In de vicieuze cirkel van slapeloosheid versterken de disfunctionele cognities, verkeerde slaapgewoonten en emotionele en fysiologische overactiviteit elkaar op een negatieve manier (figuur 1.2).

## 1.3 Kortdurende CGT-I

Het doel van kortdurende CGT-I is het doorbreken van deze vicieuze cirkel. De belangrijkste pijlers van deze behandeling zijn psycho-educatie, zelfregistratie van slaap- en waakgedrag, het doorbreken van verkeerd aangeleerde slaapgewoonten, het aanpakken van disfunctionele cognities en het leren verminderen van fysiologische spanning. Het gaat daarbij om het vergroten van de zelfredzaamheid, het aanleren van probleemoplossende vaardigheden en zelfcontrole. Het consequent uitvoeren van thuisopdrachten is een voorwaarde voor succes. In tegenstelling tot medicamenteuze behandeling is CGT-I een actief proces.

### 1.3.1 Indicaties voor CGT-I

Vooral mensen bij wie het slechte slapen op de voorgrond staat en beperkingen geeft in het functioneren overdag, zullen baat hebben bij deze behandeling. Als er sprake is van een negatieve conditionering ten aanzien van het bed en de slaapkamer, bezorgdheid over de slaap en de gevolgen van slaaptekort en moeite met ontspannen, is CGT-I aangewezen. Bij aanvang van de behandeling is het belangrijk om de cliënt duidelijk te maken dat er van hem of haar een grote eigen inzet wordt verwacht. Chronische slaapproblemen ontstaan vaak niet vanzelf en zullen dus ook in de meeste gevallen niet vanzelf weggaan. Hier is een gedragsverandering en een andere manier van denken voor nodig. De therapeut heeft een ondersteunende en inzichtverschaffende rol in de behandeling, waarbij het zwaartepunt in zelfredzaamheid ligt. Thuiswerkopdrachten, zoals stimuluscontrole en slaaprestrictie (zie sessie 2, ► H. 4), worden door cliënten vaak als 'zwaar' ervaren. Er moet dan ook voldoende lijdensdruk bestaan, evenals voldoende motivatie voor het uitvoeren van de thuiswerkopdrachten. Het stoppen met slaapmedicatie is geen voorwaarde om te kunnen starten met CGT-I. Afbouw van slaapmedicatie wordt, indien van toepassing, besproken in sessie 1.

### 1.3.2 Contra-indicaties voor CGT-I

Contra-indicaties voor CGT-I zijn: ernstige hersenbeschadigingen, ernstige verstandelijke beperkingen, suïcidaliteit, ernstige psychopathologie, ernstige psychosociale problemen en alcohol- of middelenverslaving (hierbij wordt niet de eventueel aanwezige verslaving aan slaapmedicatie bedoeld). Het is ook niet aangewezen om CGT-I te starten als er onvoldoende motivatie voor gedragsverandering is, bij onvoldoende lijdensdruk of in een stressvolle periode.

In geval van psychische of medische problematiek die vooropstaat en waarvoor nog geen effectieve behandeling gezocht is, wordt allereerst behandeling hiervoor geadviseerd. Zoals reeds vermeld, kan CGT-I goed gegeven worden naast een andere psychologische behandeling. Soms is aanpassing nodig, bijvoorbeeld moeheidsmanagement bij insomnie bij mensen met kanker.

# Sessie 0 Slaapanamnese

**Samenvatting**
In deze sessie wordt een uitgebreide slaapanamnese gedaan om zoveel mogelijk informatie te verzamelen over het slaapprobleem en de gevolgen daarvan voor het functioneren van betrokkene. De ontstaansgeschiedenis en factoren die van invloed zijn op het slaapprobleem worden besproken. Daarnaast wordt ingezoomd op een gemiddelde nacht vanaf de avond tot en met het opstaan de volgende dag. Screening van eventuele bijkomende psychopathologie is belangrijk, alsmede het uitsluiten van eventuele organische oorzaken van het slaapprobleem. Negatieve conditioneringen ten aanzien van de slaap worden opgespoord (disfunctionele cognities, verkeerde slaapgewoonten). Een reële hulpvraag wordt geformuleerd, en de rationale van de behandeling uitgelegd. Eventueel kan een combinatie gemaakt worden met cognitieve gedragstherapie voor depressie of angst. Het driefactorenmodel en de vicieuze cirkel van slapeloosheid worden uitgelegd, en het belang van huiswerkopdrachten wordt besproken. Ten slotte wordt het slaapdagboek geïntroduceerd.

- Geef uitleg over het doel en de opzet van sessie 0. Het doel is informatie verzamelen over de ontstaansgeschiedenis van de slaapproblemen en het in kaart brengen van de factoren op het gebied van gedrag, gevoel en gedachten die de klacht in stand houden. Er wordt van uitgegaan dat diagnostiek naar eventuele comorbide psychische en medische problematiek reeds is verricht en dat daarvoor, indien van toepassing, adequate behandeling is gezocht. In de slaapanamnese is specifiek aandacht voor de volgende onderwerpen:
  - het ontstaan en beloop van de slaapklachten;
  - de frequentie van de huidige slaapklacht (aantal keren per week);
  - de consequenties van de slaapproblemen op het functioneren overdag (vermoeidheid, slaperigheid, stemmingsproblemen, geheugen- en/of concentratieproblemen, sociaal functioneren, relatie);
  - omstandigheden die het slapen eventueel verbeteren dan wel verslechteren;
  - het compensatiegedrag (dutten, rusten overdag, vroeger in bed gaan liggen of later uit bed komen);
  - het gebruik van (slaap)medicatie (zowel huidig als voormalig gebruik);
  - het middelengebruik of misbruik (alcohol, drugs, koffie, (ijs)thee, cola, chocola, energiedranken);
  - cognities rondom de slaap en piekergedrag die de klacht in stand houden;
  - het inventariseren van een gemiddelde nacht (gemiddeld tijdstip van naar bed gaan en de variatie hierin, de activiteiten vlak voor het naar bed gaan, de tijd die nodig is om in te slapen, het aantal keren en de duur van het wakker liggen 's nachts, de redenen van het wakker liggen, en het gemiddelde tijdstip van opstaan en de variatie hierin);
  - het formuleren van een reële hulpvraag. Vaak willen mensen 'slapen zoals vroeger of zoals de partner' maar dat is in veel gevallen niet reëel. Een reële hulpvraag kan zijn: beter in- en doorslapen of beter leren omgaan met de slaapproblemen.
- Introduceer het driefactorenmodel en de vicieuze cirkel van slapeloosheid (zie ▶ figuur 1.1 en ▶ figuur 1.2).
- Leg het belang van huiswerk en registratieopdrachten uit.
- Introduceer het slaapdagboek (zie bijlage) als manier om de slaap in kaart te brengen en daarnaast om de voortgang van de behandeling beter te kunnen volgen.

### Informatie over het slaapdagboek (tekst uit het werkboek)

Het slaapdagboek (uit: *Slapeloosheid*, Verbeek & Klip, 2013 ©Kempenhaeghe) maakt duidelijk hoe u zelf uw slaap-waakpatroon ervaart. Het weekschema in het slaapdagboek loopt van dag 1 tot en met dag 7. De hele uren zijn aangegeven met een verticale streep en onderverdeeld in vier hokjes van elk een kwartier (zie ▶ figuur 1.2). De balk loopt van 's avonds 20.00 uur tot de volgende dag 20.00 uur. Belangrijk is dat u het slaapdagboek pas 's ochtends invult. Kijk 's nachts niet op de wekker; het gaat om een schatting!

Het slaapdagboek vult u als volgt in.

- De tijd die u slapend in bed hebt doorgebracht, kleurt u geheel in.
- De tijd die u in bed hebt doorgebracht zonder te slapen, geeft u aan door die hokjes te arceren (schuine streepjes).
- Het tijdstip waarop u het licht uitdeed, geeft u aan met een verticale streep.
- Als u vijftien minuten of korter hebt geslapen, kleurt u één hokje in.
- Als u vijftien minuten of korter wakker in bed hebt gelegen, arceert u eveneens één hokje.
- De tijden waarop u naar bed ging, in slaap viel, wakker werd en in bed lag, of bleef liggen, rondt u af op kwartieren.
- U begint met het invullen op de aangegeven dag.
- Bijzonderheden zoals medicatie, koffie of alcohol kunt u in het slaapdagboek aangeven met respectievelijk M, K en A.
- Op de achterkant hebt u ruimte om per dag een toelichting te geven. Bijvoorbeeld welk slaapmiddel u gebruikt of wat de slaap verstoorde (waar u wakker van werd of waar u aan dacht als u wakker was).

Ter verduidelijking een voorbeeld van dag 1 en dag 2 uit een slaapdagboek. Op dag 1 (18 januari) hebt u om 21.00 uur koffie gedronken en bent u om 22.30 uur naar bed gegaan. Om 23.00 uur hebt u, na inname van een slaapmiddel, het licht uitgedaan, waarna u vervolgens voor uw gevoel om 23.30 uur in slaap bent gevallen. Op dag 2 (19 januari) werd u om 08.00 uur wakker, maar u bent nog een uurtje blijven liggen en om 09.00 uur opgestaan. Van 14.00 tot 14.30 uur bent u in slaap gevallen. Hetzelfde gebeurde om 19.00 uur. Deze laatste keer duurde de slaap echter maar tien minuten. 's Avonds hebt u om 22.00 uur een glas alcohol gedronken en bent u om 23.00 uur naar bed gegaan. Het licht deed u uit om 23.15 uur. U hebt 45 minuten wakker gelegen en om middernacht bent u voor uw gevoel in slaap gevallen. Om 02.00 uur werd u wakker en tot 03.00 uur hebt u wakker gelegen. Daarna bent u weer ingeslapen tot 07.00 uur, waarna u meteen bent opgestaan. Hier een voorbeeld van een slaapdagboek:

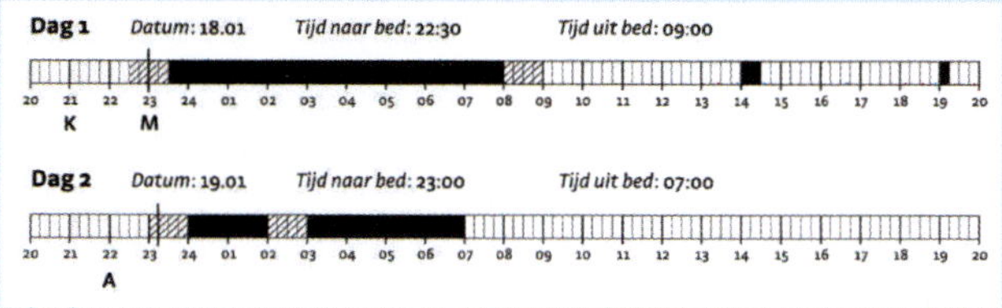

## 2.1 Thuiswerk cliënt

- Laat de cliënt als beginmeting de lijst 'Houding en gedachten ten opzichte van slaap' (Morin, Vallières, & Ivers, 2007) in het werkboek invullen en leg uit dat hier later in de behandeling verder op ingegaan zal worden.
- Laat de cliënt voor de eerste sessie de informatie in het werkboek over het slaapdagboek doorlezen en het slaapdagboek invullen.
- Laat de cliënt het slaapevaluatieformulier in het werkboek invullen.

NB U vindt alle formulieren ook als bijlage aan het eind van dit boek.

# Sessie 1 Informatie en slaaphygiëne

**Samenvatting**

In deze sessie ligt de nadruk op psycho-educatie. Het ontstaansmodel van langdurige slapeloosheid wordt uitgelegd aan de hand van het driefactorenmodel, en de vicieuze cirkel van slapeloosheid wordt besproken. Algemene informatie over slaap bevat het volgende: uitleg over slaapstadia, de biologische klok, individuele verschillen, veranderingen in slaap bij het ouder worden en slaap als 24 uursgebeuren. Daarnaast wordt informatie gegeven over de afbouw van slaapmedicatie en worden de algemene slaapadviezen besproken. In deze sessie wordt een reële hulpvraag geformuleerd. De eerste huiswerkopdrachten zijn het opvolgen van de algemene slaapadviezen, inplannen van pauzemomenten en zo nodig invullen van het piekerprogramma. Elke dag wordt het slaapdagboek en dagregistratieformulier bijgehouden.

- Bespreek het slaapdagboek (zie bijlage) en beantwoord eventuele vragen over de algemene informatie over slaap.
- Psycho-educatie.



### Algemene informatie over slaap (tekst uit werkboek)

Slaap is een rustperiode waarin een mens herstelt van geestelijke en lichamelijke inspanningen. Als de energie die een mens tijdens de slaap opdoet ongeveer gelijk is aan de hoeveelheid die hij overdag verbruikt, is er sprake van evenwicht. De behandeling van slapeloosheid is daarmee een 24 uursgebeuren: het gaat zowel om de dag als de nacht.

*Stadia*

Slaap bestaat uit verschillende stadia.

- Lichte slaap. Ongeveer de helft van de slaap bestaat uit lichte slaap. De hersenactiviteit neemt af ten opzichte van de waaktoestand, en iemand kan tijdens lichte slaap gemakkelijk gewekt worden. Slaap heeft ook veel met beleving te maken. Veel slechte slapers hebben het gevoel wakker te zijn tijdens lichte slaap.
- Diepe slaap. Ongeveer een kwart van de slaap bestaat uit diepe slaap. De hersenactiviteit vertraagt verder waardoor in het lichaam tal van herstelprocessen plaatsvinden (bijv. de aanmaak van groeihormoon).
- Droomslaap of remslaap (rem is de afkorting van *rapid eye movement*). Ongeveer een kwart van de slaap bestaat uit droomslaap. Tijdens deze fase is de hersenactiviteit groot, vergelijkbaar met de waaktoestand. De spierspanning is echter heel laag, en er treden oogbewegingen op onder de gesloten oogleden. Er wordt aangenomen dat tijdens de droomslaap informatie en emoties verwerkt worden.

Tijdens de nacht wisselen deze stadia elkaar af (zie de figuur hieronder). We noemen de opeenvolging van lichte slaap, diepe slaap en droomslaap een slaapcyclus. Een cyclus duurt ongeveer 90 tot 110 minuten. Gemiddeld heeft een mens vier tot zes slaapcycli per nacht; de gemiddelde slaapduur is dan iets meer dan zeven uur. De eerste helft van de nacht wordt gekenmerkt door zowel diepe slaap, lichte slaap als droomslaap. Dit wordt ook wel de kernslaap genoemd en omvat de eerste drie slaapcycli (ongeveer 5-6 uur). In deze uren vindt het meeste herstel plaats. De tweede helft van de nacht is oppervlakkiger en bevat vooral lichte slaap en droomslaap. Deze uren noemen we de restslaap. Als iemand korter de kans krijgt om te slapen, zoals bij slaaprestrictie (zie sessie 2, ▶ H. 4), zal dit vooral ten koste gaan van de lichte slaap. Een te intensieve en langdurige droomslaap kan ertoe leiden dat iemand niet uitgerust opstaat. Slaaprestrictie werkt in zo'n geval positief. Hier een voorbeeld van een hypnogram van een normale slaap van een volwassene (©Kempenhaeghe):

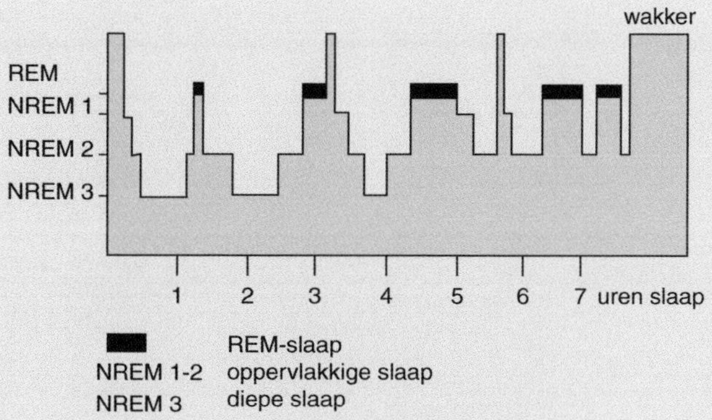


*Slaapschuld*

Er zijn twee mechanismen die slapen en waken reguleren: de opbouw van slaapschuld en de biologische klok.

Hoe langer we wakker zijn, hoe meer behoefte we krijgen aan slaap, dat is het principe van slaapschuld. Het is een drijvende kracht van de natuur, net als honger. Door overdag wakker en actief te zijn, bouwen we een slaapschuld op die nodig is om 's avonds te kunnen slapen.

*Biologische klok*

Het tweede mechanisme dat ons slapen en waken regelt, is de biologische klok. De biologische klok is een hersenstructuur die mede onder invloed van licht ons slapen en waken reguleert. Er zijn individuele verschillen in de werking van dit orgaan. Zo zijn er ochtend- en avondmensen. Ochtendmensen kunnen 's avonds moeilijk laat opblijven maar hebben over het algemeen geen problemen met vroeg opstaan. Avondmensen kunnen echter hun bed 's avonds maar niet in komen en hebben 's ochtends moeite om op tijd op te staan. Een avondmens kan geen echt ochtendmens worden, maar door een combinatie van licht 's ochtends en het aanhouden van vaste tijden van opstaan kan een avondmens wel leren functioneren in een maatschappij die meer ingesteld is op ochtendmensen. In geval van reizen over tijdzones en ploegendienst worden er van de biologische klok grote aanpassingen gevraagd. Problemen met ploegendienst treden vaak op na het veertigste levensjaar.

*Individuele verschillen en normale veranderingen in slaap bij het ouder worden*

Er is geen standaardnorm voor gezond slapen. Er zijn mensen die aan relatief weinig slaap genoeg hebben (kortslapers) en mensen die meer uren slaap nodig hebben (langslapers). Slaap verandert naarmate we ouder worden. Als het inslapen voorheen binnen een half uur lukte, kan dat op oudere leeftijd gemakkelijk een uur duren. We worden 's nachts vaker en langer wakker, en de slaap wordt minder diep. Bovendien schuift het slaapritme wat naar voren waardoor we vroeger op de avond slaap krijgen. In combinatie met een gefragmenteerde slaap leidt dit ertoe dat veel ouderen doorslaapproblemen hebben en/of te vroeg wakker worden. Deze veranderingen treden vaak zo rond het 45e levensjaar op en zijn heel normaal. Dit moet men dan ook niet verwarren met het krijgen van een slaapprobleem. Het is heel normaal om 's nachts een paar keer wakker te worden, zeker bij het ouder worden. Het is vaak wel frustrerend als iemand merkt dat de partner geen problemen krijgt, terwijl die toch ook ouder wordt. Benadruk in dat geval opnieuw de individuele verschillen.

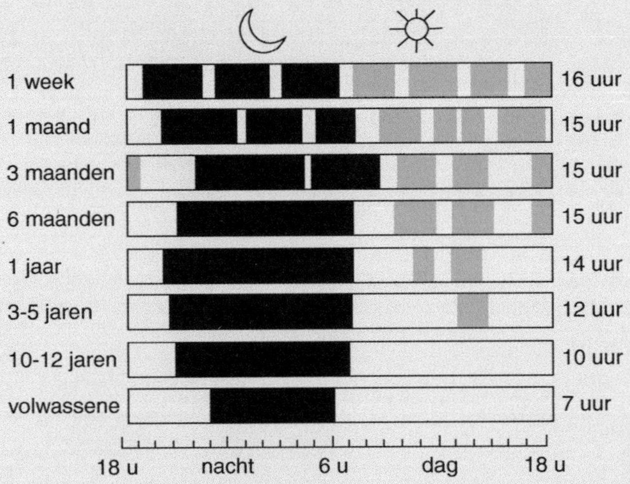


Bij veel vrouwen is de overgang een periode waarin het slapen verstoord raakt. Dit kan veroorzaakt worden door de hormonale veranderingen zelf, maar ook de opvliegers 's nachts kunnen de slaap behoorlijk verstoren. Ook hier is overigens sprake van individuele verschillen: niet alle vrouwen gaan tijdens of na de overgang minder goed slapen. Hier volgt een overzicht van de slaap per etmaal bij verschillende leeftijden (©Kempenhaeghe):

*Slaap als 24 uursgebeuren*

Zoals reeds aangegeven, is slaap een 24 uursgebeuren: de activiteiten van de dag hebben invloed op de slaap 's nachts. In de volgende figuur zijn de activiteit van het autonome zenuwstelsel en de hersenactiviteit in slapende en wakende toestand weergegeven (©Kempenhaeghe). Dit vormt als het ware een spanningsboog, waaruit blijkt hoe belangrijk het is om voorafgaand aan de slaap geestelijk en lichamelijk te ontspannen. De overgang van waak naar slaap is een geleidelijk proces waarbij de hersenactiviteit afneemt en waarbij de parasympathische activiteit in het lichaam in verhouding toeneemt. Cliënten herkennen vaak dat ze zich overwegend aan de actieve kant van de spanningsboog bevinden, zowel 's nachts als overdag. Onrust van de dag neemt men mee in de nacht. Daarom is het inbouwen van pauzemomenten overdag, waarbij men even gas terugneemt, belangrijk voor een goede nachtrust. Een verstoorde balans tussen inspanning en ontspanning kan leiden tot voortdurende overprikkeling van lichaam en geest, en die kan weer leiden tot zowel vermoeidheid als slaapproblemen. De vermoeidheid wordt dan vaak niet veroorzaakt door de slaapproblemen, maar beide zaken zijn een gevolg van een onderliggende factor, namelijk een verstoorde balans tussen inspanning en ontspanning.

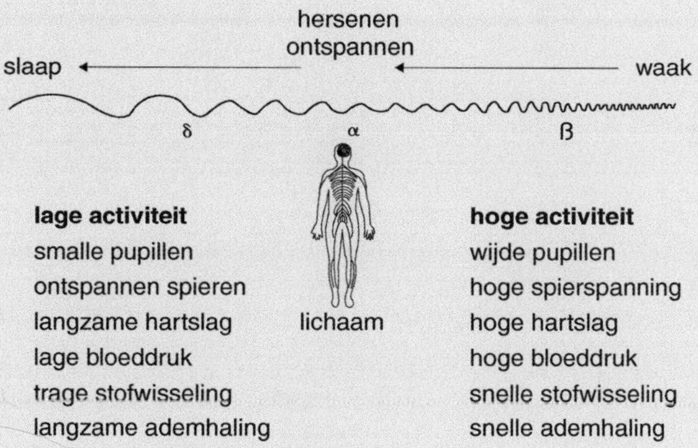


Er zijn ook middelen die lichaam en geest kunnen beïnvloeden. Alcohol en cafeïne zijn de belangrijkste die de slaap kunnen verstoren.

*Alcohol*

Geniet maar drink met mate. Als alcohol dagelijks vlak voor het slapen wordt gebruikt als slaapmiddel kan dat slaapverstorend werken. Het kan leiden tot snel in slaap vallen, maar na een paar uur wordt men wakker en heeft men enkel nog een onrustige slaap die niet leidt tot een gevoel van uitgerustheid bij het ontwaken.

*Cafeïne*

Cafeïne is een activerende stof en kan daarom slaapverstorend werken. Niet iedereen is even gevoelig voor cafeïne. Bij inslaapproblemen is het raadzaam om na 18.00 uur geen cafeïnehoudende dranken meer te drinken. Cafeïne zit niet alleen in koffie, maar ook in (ijs)thee, cola, energiedrankjes en in mindere mate in chocolade (zie de tabel).

| Product | mg/100 ml | Consumptie-eenheid | mg per consumptie |
|---|---|---|---|
| Koffie – filter | 70 | kopje 125 ml | 85 |
| Koffie – instant | 60 | kopje 125 ml | 75 |
| Koffie – espresso | 130 | kopje 50 ml | 65 |
| Decaf | 2,5 | kopje 125 ml | 3 |
| Thee – zwart | 30 | kopje 125 ml | 40 |
| Thee – groen | 15 | kopje 125 ml | 20 |
| Cola | 10 | glas 180 ml | 16 |
| Energiedrank | 30 | blikje 250 ml | 75 |
| Energieshot | 135 | blikje 60 ml | 80 |
| Chocolademelk | 2 | beker 180 ml | 4 |
| Pure chocolade | 70 | reep 50 gram | 50 |
| Melkchocolade | 20 | reep 50 gram | 25 |

Bron: Stichting Voedingscentrum Nederland

## 3.1 Voorbereiden op de slaap

Mensen hebben geen knop die uit te zetten is zoals bijvoorbeeld bij een computer. Men zal dan ook voor het naar bed gaan de tijd moeten nemen om tot rust te komen. Daarom kunnen intensieve activiteiten in het laatste uur voor het naar bed gaan het best vermeden worden. Denk hierbij aan spannende tv-programma's, sport, werk of intensief sociaal contact. Ook het gebruik van computer, tablet of mobiele telefoon valt hieronder. Behalve dat het de hersenactiviteit stimuleert, heeft het blauwe licht een activerende werking en dit kan de slaap negatief beïnvloeden.

Lichaamstemperatuur is ook van belang als het gaat om inslapen. Onderzoek heeft aangetoond dat men sneller in slaap valt als de temperatuur bij de voeten warm is. Ook kan een warm bad of een warme douche een tot twee uur voor het naar bed gaan helpen om sneller in slaap te vallen.

## 3.2 Afbouw van slaapmedicatie

Afbouw van slaapmedicatie is alleen mogelijk als de cliënt daartoe intrinsiek gemotiveerd is en bereid is om anders met zijn slaapprobleem te leren omgaan. Timing is ook belangrijk: in een stressvolle periode of bij een grote levensgebeurtenis zal het lastiger zijn om af te bouwen en kan men beter wachten tot een betere tijd.

Afbouw van slaapmedicatie vindt altijd plaats in overleg met de arts die de medicatie heeft voorgeschreven. Daartoe wordt een gestructureerd afbouwschema geïntroduceerd. In geval van het gebruik van meerdere slaap- en/of kalmeringsmiddelen wordt het gebruik eerst teruggebracht naar één middel (vaak het langst werkende). Daarna wordt elke een tot twee weken de dosis met de helft verminderd tot de laagst werkende, stabiele dosis. De vervolgstap is één medicatievrije dag per week in te lassen en daar niet meer van af te wijken. Gaandeweg worden meer medicatievrije dagen ingelast, tot het gebruik helemaal gestopt kan worden. Spreek van tevoren af voor welke nachten medicatie genomen wordt, ongeacht of de cliënt het nodig denkt te hebben of niet. Deze strategie is bedoeld om de associatie tussen niet-slapend in bed liggen en medicatie nemen te verzwakken.

Volledige afbouw zal niet voor iedereen haalbaar zijn. Als volledige afbouw niet mogelijk is, kan intermitterend gebruik van maximaal twee tot drie slaaptabletten per week overwogen worden. Het is belangrijk om aan te sluiten bij het tempo van de cliënt en diens vertrouwen in het zelf kunnen slapen. Eventuele angst om zonder medicatie te slapen, kan worden besproken in de sessies over cognitieve herstructurering. Afbouw van slaapmedicatie is vaak een langdurig proces. Het begin ervan kan wel gemaakt worden tijdens kortdurende CGT-I en tijdens de follow-upsessies kan de afbouw verder begeleid worden. Vergeet de cliënt niet te stimuleren om zichzelf te belonen bij elk behaald succes!

## 3.3 Voorlichting over de behandeling

Veel slaapklachten hebben te maken met verkeerde verwachtingen en belevingen. Inzicht in het eigen slaapgedrag en informatie over de slaap zijn daarom vaak een eerste stap naar de oplossing. Bovendien is slaap zoals gezegd een 24 uursprobleem en niet enkel een probleem van de nacht.

- De behandeling vereist veel geduld en motivatie, en er zijn vaak lastige opdrachten waarbij beloning pas na enkele weken optreedt. Het is belangrijk dat cliënten hiervan bewust worden gemaakt.
- De behandeling is specifiek en klachtgericht. Verder is de behandeling intensief. De behandeling bestaat voor een belangrijk deel uit thuiswerkopdrachten.
- Spreek een persoonlijk en haalbaar doel af. Let op met formuleringen als 'slapen zoals mijn partner' of 'slapen zoals toen ik jong was'; dat zijn geen haalbare doelen. Haalbare doelen zijn bijvoorbeeld sneller inslapen, beter doorslapen of minder druk maken over de slaap.
- Leg de fasen in de behandeling uit: psycho-educatie met algemene informatie over slaap, inzicht in de eigen slaap verwerven door zelfregistratie, verandering van slaapgedrag, leren ontspannen, het doorbreken van slaapbelemmerende gedachten en afbouw van slaapmedicatie. De behandeling is kortdurend: gemiddeld zeven sessies exclusief follow-up.

## 3.4 Slaapgedrag

### 3.4.1 Slaapadviezen

- Bespreek de volgende slaapadviezen (uit: *Slapeloosheid*, Verbeek & Klip, 2013). Het doel hiervan is het creëren van goede omstandigheden om te slapen.
  - Houd regelmatige bedtijden aan; sta vooral op dezelfde tijd op. In het weekeinde mag het tijdstip van opstaan maximaal anderhalf uur verschuiven ten opzichte van het tijdstip van door de week.
  - Beperk de tijd in bed tot maximaal acht uur.
  - Bewaar het bed om te slapen of te vrijen. Ga pas naar bed wanneer u zich slaperig voelt en sta even op als het slapen niet lukt.
  - Beperk het lezen of tv-kijken in bed tot maximaal dertig minuten en zorg dat wat u leest of kijkt niet té spannend of boeiend is.
  - Ontspan voor het slapen gaan: bouw uw dag af en vermijd ongeveer een uur voor het slapen gaan inspannende geestelijke en lichamelijke activiteiten.
  - Een dutje 's avonds is sterk af te raden, een kort dutje overdag (maximaal 30 minuten) is geen probleem als het uw nachtslaap niet verslechtert.
  - Draai de wekker om zodat u er niet steeds op kunt kijken, het steeds zien van de tijd geeft vaak onrust.
  - Vermijd cafeïne na 18.00 uur (koffie, thee, cola, chocola).
  - Gebruik alcohol niet als slaapmutsje; een tot twee glazen verspreid over de avond kan geen kwaad.
  - Begin de dag met voldoende licht en beweeg regelmatig overdag.
  - Zorg voor warme voeten als u in bed ligt.
  - Neem een warm bad (een tot twee uur voordat u gaat slapen).

- Ga na of er bepaalde gedragingen zijn die de slaapklachten in stand zouden kunnen houden en maak concrete en vooral haalbare afspraken.
- Gebruik het ingevulde slaapdagboek om de adviezen rondom slaap-waaktijden door te nemen.



## 3.5 Ontspanning

### 3.5.1 Inplannen pauzemomenten

- Wijs op de verschillende mogelijkheden om te ontspannen. Sport is een voorbeeld van actief ontspannen, maar het is belangrijk om niet vlak voor het slapen te sporten omdat het op zo'n moment juist eventuele overactiviteit kan versterken. Passief ontspannen kun je doen met je aandacht naar buiten gericht zoals lezen of tv-kijken of met de aandacht bij jezelf zoals in een ademhalingsoefening.
- Laat de cliënt twee keer per dag vijf tot tien minuten tijd nemen om even helemaal niets te doen; dit noemen we een pauzemoment. Later in de behandeling kan dit moment gebruikt worden om een ademhalingsoefening uit te voeren.
- Leg het dagregistratieformulier uit, dat in beide boeken staat. Dit formulier is bedoeld om inzicht te krijgen in de activiteiten overdag, de mate van gespannenheid en de relatie met de slaapkwaliteit. Een dagregistratie is nodig omdat slaap bekeken wordt als een 24 uursgebeuren. Het functioneren overdag heeft vaak een relatie met de slaap 's nachts.

## 3.6 Cognitieve interventies

### 3.6.1 Piekerprogramma

- Leg uit dat er twee verschillende vormen van denken zijn: oplossingsgericht denken en piekeren. Leg uit wat de verschillen zijn.
- Bespreek het piekerprogramma aan de hand van een voorbeeld.
- Leg uit hoe het formulier oplossingsgericht denken ingevuld kan worden.
- Spreek af om in het geval van 's nachts piekeren even op te staan en het piekerprogramma in te vullen.
- Plan daarnaast samen met de cliënt een vast piekermoment, liefst niet vlak voor het slapen gaan. Het kan handig zijn als de cliënt overdag een schrift of blocnote bij zich heeft om onderwerpen waarover hij of zij piekert op te schrijven. Deze onderwerpen kunnen dan bewaard worden voor het piekermoment.

**Piekeren en oplossingsgericht denken (tekst uit werkboek)**

Er zijn twee verschillende vormen van nadenken. De ene vorm kost veel energie en leidt vaak niet tot een oplossing, maar maakt dat u in cirkels blijft denken (piekeren). De andere vorm kost relatief minder energie en maakt dat u beter tot een oplossing kunt komen (oplossingsgericht denken).

*Voorbeeld oplossingsgericht denken*

Piekergedachte: Mijn auto is kapot.

Wat is het probleem: Ik kan morgen niet met mijn auto op het werk komen.

Wat zijn de verschillende oplossingen?

1. Ik vraag een collega of ik kan meerijden.
2. Ik ga morgen met de bus.

Wat zijn de voor- en nadelen van de verschillende oplossingen?

| Oplossing | Voordelen | Nadelen |
|---|---|---|
| 1 | Ik vind het prettig om met het comfort van een auto naar mijn werk te rijden.<br>Ik heb een kortere reistijd. | Ik ben afhankelijk van mijn collega. |
| 2 | Ik ben niet afhankelijk van mijn collega. | Ik vind in de bus rijden niet comfortabel.<br>Ik heb een langere reistijd. |

Maak een keuze en voer de oplossing uit: Ik ga met de bus.

Hier volgen enkele handvatten die het u mogelijk maken om minder energie te besteden aan denken en ook om effectiever te denken. Als u door piekeren wakker blijft, kan de volgende oefening helpen. Zo slaapt u uiteindelijk rustiger.

*Oefening piekeren*

- Maak elke dag (niet te laat!) op een vast moment vijftien minuten vrij om te piekeren.
- Leg op uw nachtkastje een schrift of notitieblok waarin u uw piekergedachten noteert.
- Sta even op en noteer de piekergedachte. Ga niet opnieuw piekeren, maar stel het uit tot het volgende piekerkwartiertje.
- Lees tijdens het piekermoment de piekergedachten die u opgeschreven hebt door en doorloop de volgende stappen, die in het formulier oplossingsgericht denken staan.
  - Wat is het probleem?
  - Wat zijn de verschillende oplossingen?
  - Wat zijn de voor- en nadelen van de verschillende oplossingen?
  - Maak een keuze.
- Herhaal dit elke dag. U zult merken dat u uiteindelijk steeds minder piekert in bed.
- Als u overdag veel piekert, kan het helpen om een schrift of notitieblok bij de hand te hebben om zo ook vervelende piekergedachten overdag te bewaren tot uw dagelijkse piekermoment.

## 3.7 Thuiswerk cliënt

Laat cliënt:
- de tekst van sessie 1 nog eens doorlezen en eventuele vragen noteren;
- elke dag het slaapdagboek bijhouden;
- elke dag het dagregistratieformulier invullen;
- de slaapadviezen toepassen;
- twee keer per dag een pauzemoment van vijf tot tien minuten inplannen;
- het formulier oplossingsgericht denken invullen.

# Sessie 2 Slaapgedrag en pauzemomenten

**Samenvatting**
In deze sessie worden twee krachtige gedragstherapeutische methoden besproken. Stimuluscontrole is met name gericht op het opnieuw verbinden van het bed met slaap, en slaaprestrictie is gericht op het verhogen van de slaapdruk, waardoor het gemakkelijker wordt om in te slapen en door te slapen. Beide interventies worden toegelicht, en de patiënt wordt gestimuleerd om een keuze te maken voor een van beide methoden. Verder wordt er aandacht besteed aan het actief inplannen van pauzemomenten en wordt er een ademhalingsoefening geïntroduceerd.

- Bespreek het slaapdagboek en het dagregistratieformulier, en beantwoord eventuele vragen over de schriftelijke informatie.

## 4.1 Slaapgedrag

### 4.1.1 Slaapadviezen



- Bespreek de toepassing van de slaapadviezen. Complimenteer de cliënt als bepaalde doelen bereikt zijn. Let op of alle afspraken nagekomen zijn; dit is cruciaal in deze fase van de behandeling. Zo niet, leg dan uit dat het belangrijk is dat de gemaakte afspraken haalbaar zijn. Als deze te lastig of te hoog gegrepen zijn, is het begrijpelijk dat het niet lukt. Daarom is het belangrijk dat de cliënt bij het maken van de afspraak aangeeft of het gaat lukken om zich eraan te houden of niet. Zo niet, dan moeten er misschien minder ambitieuze afspraken gemaakt worden die wel haalbaar zijn. Dit geldt overigens ook voor alle afspraken die verderop in de behandeling nog gemaakt gaan worden. Maak eventueel nieuwe, meer haalbare afspraken ten aanzien van de slaapadviezen.

### 4.1.2 Stimuluscontrole en slaaprestrictie

- Geef uitleg over stimuluscontrole en slaaprestrictie. Het beste is om beide toe te passen, maar voor deze sessie kan het genoeg zijn om de cliënt een keuze te laten maken voor de komende week. Veel mensen zien hier namelijk erg tegenop.

#### Stimuluscontrole

- Leg het doel uit: het bed weer leren verbinden met slaap en waakactiviteiten buiten het bed houden. Uit onderzoek blijkt dat slaapproblemen vaak in stand gehouden worden door een foutieve associatie tussen slaapgerelateerde omstandigheden en activiteiten die met waak te maken hebben. Geef als voorbeeld voor de tv in slaap vallen en in bed klaarwakker zijn. Leg uit dat het bed weer geassocieerd moet worden met slaap en dat de associatie tussen het bed en activiteiten die onverenigbaar zijn met slaap moet worden afgezwakt (zoals lang wakker liggen).
  - Laat de cliënt pas naar bed gaan als hij of zij slaperig is. Soms geven cliënten aan 's avonds helemaal niet slaperig te worden. In dat geval kan er beter worden overgegaan tot slaaprestrictie met een vast tijdstip van naar bed gaan.
  - De cliënt mag het bed alleen gebruiken voor slaap, kort ontspannen wakker liggen en seksuele activiteit.
  - De cliënt moet opstaan en de slaapkamer verlaten als de slaap na vijftien tot dertig minuten nog niet is ingetreden. De tijd is afhankelijk van de leeftijd en de mate van onrust. Laat de cliënt bij gedempt licht iets doen wat ontspant (en het liefst saai is). Spreek af dat deze pas weer terug naar bed gaat als hij of zij slaap heeft. Als

de cliënt aangeeft helemaal niet slaperig te worden, spreek dan een tijd af waarna hij of zij weer terug naar bed kan gaan, bijvoorbeeld na een half uur. Benadruk dat er niet continu op de wekker moet worden gekeken, maar dat het inschatten van dit tijdstip zo veel mogelijk op gevoel dient te gebeuren.
- Deze stap zo vaak als nodig herhalen.
- De cliënt moet de wekker zetten op dezelfde tijd als gewoonlijk, ongeacht de hoeveelheid slaap.
- De cliënt moet dutjes overdag vermijden, behalve als hij of zij gewend is om een dutje te doen. In dat geval is 's middags een dutje van maximaal een half uur toegestaan. Het is wel aan te bevelen om voor 15.00 uur een pauzemoment van maximaal een half uur in te lassen. Het is dan aan de cliënt of deze even wil gaan liggen. In geval van liggen: niet in bed maar in een luie stoel of op de bank. Zet zo nodig een wekker.

## Slaaprestrictie

- Leg het doel uit: door de tijd die je in bed ligt te verkorten, komt er steeds meer drang om te slapen (slaapdruk). Dit leidt uiteindelijk tot sneller inslapen, dieper slapen en beter doorslapen. Dus door de tijd die je in bed ligt korter te maken, neemt de kwaliteit van je slaap toe.
  - Laat de cliënt de tijd in bed inkorten tot het aantal uren dat hij of zij denkt te slapen. De tijd in bed mag niet minder worden dan vijf uur, ook als de cliënt aangeeft minder lang te slapen.
  - Cliënten zien vaak erg op tegen deze opdracht. Het kan dan ook raadzaam zijn om een middenweg te zoeken tussen de optimale tijd in bed en de huidige tijd in bed, afhankelijk van de anticipatieangst voor het korter in bed liggen. Onderhandel over een haalbare afspraak.
  - De cliënt kan de bedtijd geleidelijk uitbreiden met vijftien minuten als de slaapefficiëntie (SE: totale slaaptijd gedeeld door de tijd in bed maal 100) over een periode van zeven nachten minimaal 85 procent bedraagt. Bij ouderen (boven 50 jaar) is een slaapefficiëntie van 80 procent voldoende en boven de 75 jaar mag dat 70 procent zijn. Voor mensen die jonger zijn dan 50 jaar streven we naar een SE-score van 85 procent of hoger.
  - Om de therapietrouw te vergroten mag de cliënt na een of twee weken een dag uit kiezen om een uitzondering te maken van dertig tot zestig minuten (eerder naar bed of later uit bed).
  - Leg uit dat er vaak aanvankelijk meer klachten overdag zijn. Na zes à acht weken merken de meeste mensen verbetering overdag. De toename in slaapefficiëntie treedt vaak al wel na een paar weken op.
- Let op: houd rekening met eventuele anticipatieangst en lijdensdruk. In geval van anticipatieangst kan gewerkt worden volgens de principes van de hiërarchische exposure (geleidelijk opvoeren van de restrictie). In geval van uitputting, zoals bij burnout voorkomt, adviseren wij geen of slechts milde slaaprestrictie.
- Laat de cliënt eventueel een keuze maken uit stimuluscontrole of slaaprestrictie. Leg uit dat de eerste paar weken het zwaarst zijn en bespreek eventuele problemen.

4

## 4.2 Ontspanning

### 4.2.1 Inplannen pauzemomenten

- Leg uit dat lichaam en geest tot rust komen door overdag regelmatig pauze te nemen. Hierdoor daalt de 'overactiviteit' die een goede slaap in de weg staat. Benadruk opnieuw dat slaap gezien wordt als een 24 uursgebeuren en dat het daarom belangrijk is om ook overdag pauzemomenten in te bouwen.
- Bekijk of er bepaalde vormen van ontspanning zijn die cliënt toepaste voordat de slaapproblemen optraden en waar hij of zij tegenwoordig niet meer aan toekomt. Bespreek eventueel het opnieuw inplannen van deze ontspannende activiteiten.
- Beschrijf de verschillen tussen actieve en passieve ontspanning, en bekijk of hier voldoende variatie in zit.
- Vooral efficiënte pauzes zijn belangrijk. Een pauze is inefficiënt in de volgende gevallen.
  - Het aantal pauzes wisselt sterk: op slechte dagen veel en op goede dagen minder. Het inplannen van pauzes is dan afhankelijk van vermoeidheid en klachten, en het lichaam krijgt onvoldoende gelegenheid om aan een structuur te wennen.
  - De pauzes zijn niet ontspannend, bijvoorbeeld als er tijdens de pauzes spanningen zijn of de pauzes als piekermoment worden gebruikt.
  - Er worden te veel pauzes genomen. Te veel pauze kan leiden tot verminderde conditie en spierkracht, en toename van spiervermoeidheid.
- Bespreek het inplannen van pauzemomenten aan de hand van het dagregistratieformulier. Kijk naar patronen waarbij cliënt veel activiteiten of juist weinig activiteiten plant op een dagdeel en probeer samen te zoeken naar een balans. Maak concrete afspraken over het inplannen van efficiënte pauzes.

### 4.2.2 Ademhalingsoefening

- Leg uit dat deze oefening dient om de basis van ontspanning te leren en dat ontspanning nodig is om goed te kunnen slapen.
- Buikademhaling is de natuurlijke manier van ademen die weinig moeite kost en veel lucht oplevert, dus efficiënt is. Als we gespannen zijn, gaan we vaak oppervlakkiger ademen met onze borstkas.
- Leg uit dat de oefening nog niet meteen helemaal vloeiend hoeft te gaan, en dat in het begin aandacht voor de ademhaling al voldoende is.
- Voer samen de ademhalingsoefening uit in de sessie.
- Als de oefening in het begin lastig is, laat de cliënt dan gebruikmaken van pufjes bij het in- en uitademen.
- Leg uit dat het belangrijk is om de oefening minstens twee keer per dag te doen, maar dat vaker doen nog beter is.

**Ademhalingsoefening (tekst uit werkboek)**

- Neem een gemakkelijke stoel met een rechte rugleuning. Zorg dat de stoel niet te hoog is en dat u uw voeten plat op de grond kunt zetten. Ga rechtop zitten met uw nek recht boven uw rugwervels en uw hoofd een klein beetje voorover. Leg uw handen op uw buik. U kunt zo goed voelen hoe uw buik op en neer gaat. Uw voeten staan plat op de grond. Uw knieën staan recht boven uw onderbenen.
- Let op uw ademhaling. Laat haar gaan zoals zij gaat, maar let erop. Hoe voelt dit? Waar komt de adem? Welke delen van het lichaam zijn bij de ademhaling betrokken?
- Voel de warmte van uw hand op uw buik en laat de adem omlaag zakken, naar uw buik. Uw buik gaat nu op en neer. Adem in door uw neus en let erop hoe weinig moeite het kost om de lucht naar binnen te laten stromen. Als u het prettig vindt, kunt u uw lippen tuiten bij de uitademing, zodat u de ademhaling hoort en nog beter in staat bent u erop te concentreren.
- Sluit uw ogen en vraag aan uzelf: 'Wat is mijn ervaring op dit moment … welke gedachten heb ik nu … welke gevoelens … welke lichamelijke sensaties?' Word u gewaar van uw ervaringen en erken ze, zelfs als ze ongewenst zijn.
- Richt vervolgens uw volle aandacht op een vriendelijke manier weer op het ademhalen, op iedere inademing en op iedere uitademing, zoals ze elkaar opvolgen, in en uit. Ga niet geforceerd ademhalen maar volg uw eigen ademhalingspatroon. Wellicht merkt u dat de ademhaling rustiger en dieper wordt.
- Doe deze oefening de eerste week tweemaal per dag. U zult merken dat het steeds gemakkelijker gaat. Probeer in de weken erna regelmatig te oefenen in allerlei dagelijkse situaties (wachten in een rij, tijdens een wandeling, autorijden). Streef ernaar om deze oefening zo vaak mogelijk te doen. Hoe vaker u hem doet, hoe beter u zich leert ontspannen.

## 4.3 Cognitieve interventies

### 4.3.1 Piekerprogramma

- Evalueer het piekerprogramma. Is het gelukt om de formulieren in te vullen en gebruik te maken van het vaste piekermoment? Bespreek eventuele problemen.

## 4.4 Thuiswerk cliënt

Laat cliënt:

- de tekst van sessie 2 nog eens doorlezen en eventuele vragen noteren;
- elke dag het slaapdagboek bijhouden;
- elke dag het dagregistratieformulier invullen;

- de slaapadviezen toepassen;
- twee keer per dag een pauzemoment van vijf tot tien minuten inplannen;
- het formulier oplossingsgericht denken invullen.

### 4.4.1 Nieuwe opdrachten



Laat cliënt:
- de gekozen methode (stimuluscontrole of slaaprestrictie) toepassen;
- twee keer per dag tijdens het pauzemoment vijf tot tien minuten de ademhalingsoefening uitvoeren.

# Sessie 3 Ontspanning en cognitieve therapie

**Samenvatting**

In deze sessie ligt de nadruk op ontspanning en cognitieve therapie. De eventuele problemen bij slaaprestrictie en/of stimuluscontrole worden besproken. De SE-score wordt uitgerekend, en aan de hand daarvan worden eventueel de bedtijden aangepast. Gestart wordt met progressieve relaxatie volgens Jacobson (zeven spiergroepen). De basisprincipes van cognitieve therapie worden besproken evenals veelvoorkomende automatische negatieve gedachten rondom de slaap. Naast het dagelijks bijhouden van een slaapdagboek en dagregistratieformulier bestaat het huiswerk uit het minimaal één keer per dag uitvoeren van de ontspanningsoefening en het invullen van de eerste drie kolommen van het gedachteschema.

- Bespreek het slaapdagboek en het dagregistratieformulier, en beantwoord eventuele vragen over de schriftelijke informatie.

## 5.1 Slaapgedrag

### 5.1.1 Slaapadviezen

- Bespreek opnieuw het uitvoeren van de slaapadviezen.



#### Slaaprestrictie

- Bespreek de eventuele problemen met het inkorten van de bedtijden (bijv. wat te doen met extra tijd, hoe 's avonds wakker te blijven).
- Reken samen de slaapefficiëntiescore (SE-score) uit.
- Bespreek hoe om te gaan met eventuele vermoeidheid.
- Laat cliënt afhankelijk van de voortgang één dag per week één uur langer in bed blijven. Laat de cliënt kiezen of hij of zij eerder naar bed gaat of later opstaat. Doe dit niet als de slaapefficiëntie nog onder de eerdergenoemde leeftijdsnorm is.

#### Stimuluscontrole

- Bespreek eventuele problemen met het 's nachts opstaan: wat te doen als je 's nachts opstaat, wat te doen als het koud is, wat te doen met storende cognities (bijv. 'dan slaap ik helemaal niet meer'), en wat als het niet lukt om daadwerkelijk op te staan (wellicht is cliënt dan in lichte slaap in plaats van wakker).
- Leg uit dat woelen en draaien in bed meer energie kost dan op een ontspannende manier wakker zijn buiten het bed. Bovendien is slaap gedrag en leer je met stimuluscontrole het bed weer verbinden met slaap. Het idee 'slaap ik niet dan rust ik toch' kan hiermee weerlegd worden, ontspannen kan immers ook buiten het bed.
- Reken de SE-score uit. Let op: de tijd dat men 's nachts uit bed is geweest dient niet meegenomen te worden in de totale tijd in bed van die nacht.
- Bespreek wat te doen om 's nachts buiten het bed te ontspannen. Laat bijvoorbeeld een tijdschrift, prettige muziek of een warm kleed klaarleggen. Laat niet te felle lampen aandoen.
- Bespreek dat de combinatie van stimuluscontrole en slaaprestrictie het best werkt. Bekijk of de cliënt voldoende vertrouwen heeft om deze tegelijkertijd aan te pakken. Beperk de afspraken tot de reeds gekozen methode als de angst te groot is voor beide opdrachten tegelijkertijd.

## 5.2 Ontspanning

### 5.2.1 Inplannen pauzemomenten

- Bespreek het dagregistratieformulier en eventuele problemen, en ga samen op zoek naar haalbare pauzemomenten om in te plannen.

### 5.2.2 Ademhalingsoefening

- Bespreek eventuele problemen en leg uit dat het best geoefend kan worden op zowel rustige als spannende momenten. Verwacht patiënt de komende week nog spannende momenten? Probeer dan ook hier de ademhalingsoefening in te zetten.

### 5.2.3 Progressieve relaxatie volgens Jacobson (zeven spiergroepen)

- Benadruk dat in deze sessie geen diepe ontspanning hoeft te worden bereikt. Leg uit dat het doel is om het verschil te leren voelen tussen spanning en ontspanning, en dat de cliënt door veel te oefenen zal leren zich beter te ontspannen en spanning in het lijf te herkennen.
- Voer de ontspanningsoefening uit in de sessie, neem deze eventueel op een audiorecorder op en vraag na afloop wat cliënt ervaren heeft.
- Geef de cliënt aan het einde van de sessie de audio-opname of een eerder zelfgemaakte opname op cd mee. Een geluidsfragment van onderstaande ontspanningsoefening is ook te vinden op de volgende site: ▶ www.educatie.ntr.nl/beterslapen (opdracht 10).
- Bepaal vaste tijdstippen waarop de ontspanningsoefening dagelijks uit te voeren is, en een rustige plaats om de oefening uit te voeren.
- Leg uit dat het belangrijk is om gemakkelijk te zitten of te liggen en geen kleren te dragen die knellen.
- Vraag de cliënt om het verloop van de oefening bij te houden met behulp van het registratieformulier (zie bijlage).
- Bespreek dat het niet de bedoeling is om (spier)pijn of kramp te voelen en dat de spieren daarom niet tot het uiterste moeten worden aangespannen.
- Laat cliënt de komende weken het registratieformulier ontspanningsoefeningen invullen, zodat hij of zij de eigen voortgang kan evalueren. Benadruk dat regelmatig oefenen nodig is om maximaal effect te kunnen ervaren.

**Ontspanningsoefening (tekst uit werkboek)**

- Concentreer u op uw **rechterarm** en hand. Voel uw arm en hand losjes liggen op uw bovenbeen. Ik ga u dadelijk vragen om de spieren van uw arm en hand te spannen.
- Bal de vuist, strek de arm een beetje naar voren en span de spieren. Voel de spanning in uw vuist … in uw onderarm … in uw bovenarm … trek nog even aan die spieren … en laat maar langzaam los; leg uw arm en hand rustig neer op uw bovenbeen en concentreer u op het gevoel van ontspanning, zeg tegen uzelf 'ontspan' en laat de spieren helemaal los. Let op wat dat voor gevoel is als uw arm en hand zwaar rusten op uw been en u de ontspanning steeds dieper laat worden.
- Laat uw rechterarm zwaar en rustig liggen en concentreer u nu op uw linkerarm. Voel het verschil tussen rechter- en linkerarm.

- Span de spieren van uw **linkerarm**, bal de vuist en strek de arm, span alle spieren. Dit is spanning. En laat nu maar rustig los, leg uw arm weer rustig neer en zeg tegen uzelf 'ontspan'. Let op het gevoel van ontspanning, een lekker zwaar gevoel, zoals uw arm en uw hand daar liggen. Laat de spieren van uw rechter- en linkerarm helemaal los. Beide armen laat u rustig en ontspannen liggen.
- Concentreer u nu op uw **gezicht**. U spant de spieren van uw voorhoofd door de wenkbrauwen zo hoog mogelijk op te trekken. Trek ze maar op, voel de spanning. Knijp uw ogen stijf dicht. Span ook uw kaken aan, en pers uw tanden op elkaar. Dit is spanning … En laat ze nu maar langzaam zakken, zeg tegen uzelf 'ontspan' en laat de spieren helemaal los. Voel de ontspanning over uw voorhoofd komen, uw kaken en mond zijn ontspannen en de tong ligt losjes in de mond. Voel het verschil tussen de spanning van daarnet en de ontspanning van nu.
- Ga met uw aandacht naar uw **nek en schouders**. Trek uw schouders op en maak uzelf klein. Voel het ongemak van deze spanning en laat het even zo zijn. Dit is spanning, en u bent de baas over deze spanning. En zeg nu weer 'ontspan' in gedachten en laat de spanning los. Voel de ontspanning in nek en schouders.
- Ga nu met uw aandacht naar uw **romp** en span alle spieren van de romp. Span de spieren van uw borst, buik en rug. Trek ze maar aan … houd vast … en laat nu de adem langzaam weglopen en daarmee ook de spanning. Zeg 'ontspan' in uzelf en laat de spieren van uw borst, rug en schouders helemaal los. Voel het verschil tussen de spanning van daarnet en de ontspanning van nu. Ontspan steeds dieper en dieper en let op hoe dat aanvoelt. Een lekker behaaglijk gevoel zoals u daar zit. Volg uw in- en uitademhaling zonder dat u er moeite voor doet. Voel hoe rustig en ontspannen u in de stoel zit en hoe de ontspanning dieper en dieper wordt.
- Concentreer u nu op de spieren van uw **rechterbeen**. Span de spieren door uw been recht vooruit te steken en de tenen naar uw gezicht te trekken. Voel de spanning in uw voet, uw onderbeen, bovenbeen. Houd even vast … en laat maar rustig los. Zet uw voet weer rustig neer, zeg tegen uzelf 'ontspan' en voel wat er in uw been gebeurt. Concentreer u op het gevoel van ontspanning. Laat alle spieren los en ontspan steeds verder en verder.
- Hetzelfde doet u met uw **linkerbeen**. Strek uw been en trek de tenen naar het gezicht. Voel de spanning, dit is spanning. Houd nog even vast … en laat maar rustig los. Zet uw voet neer en ontspan de spieren. Laat alle spanning wegstromen. Laat die spieren helemaal los en let op wat voor gevoel dat is. Beide benen zijn heerlijk zwaar en ontspannen, uw voeten staan zwaar op de grond.
- Let nog eens even op hoe u in de stoel zit. Ga helemaal zwaar en ontspannen in de stoel zitten. Als er ergens nog een deel van uw lichaam niet ontspannen is, laat dan ook daar de spieren los en de ontspanning over u komen.
- Beide armen liggen zwaar op uw benen, uw voorhoofd is glad, de oogleden liggen losjes over de ogen, mond en kaken zijn ontspannen, u zit zwaar en ontspannen in de stoel, rug, borst, maag en buik zijn ontspannen, de voeten staan zwaar op de grond.

- Keer met uw gedachten terug naar deze kamer. Zeg nog een paar keer tegen uzelf 'ontspan' en iedere keer als u dat in uzelf zegt, voelt u de ontspanning nog dieper worden. Zeg 'ontspan' bij iedere uitademing ..., toe maar: 'ontspan' ... 'ontspan'.
- Als u de oefening wilt beëindigen, telt u tot drie. Bij één krijgt u het gevoel weer wakker te worden, bij twee doet u de ogen open en bij drie gaat u even alle ledematen bewegen en ontspannen, zodat u weer lekker fit wordt. Blijf daarna nog een paar minuten rustig zitten.
- Eén ... twee ... drie ...

(Naar Orlemans, Eelen, & Hermans, 1993)

## 5.3 Cognitieve interventies

### 5.3.1 Piekerprogramma

- Evalueer het piekerprogramma. Is het gelukt om de formulieren in te vullen en gebruik te maken van het vaste piekermoment? Bespreek eventuele problemen.

### 5.3.2 Cognitieve therapie (CT)

- Bespreek de basisprincipes van CT. Bespreek de invloed van gedachten op gevoelens en gedrag. Bespreek het principe van automatische gedachten, verschillen tussen hoe mensen (specifiek over slaap) denken, en de achtergrond van negatieve opvattingen en cognitieve schema's. Leg uit dat mensen met slaapproblemen vaak in een vicieuze gedachtecirkel terechtkomen.
- Leg uit dat CT bedoeld is om het bewustzijn van de invloed van disfunctionele gedachten en negatieve automatische gedachten te vergroten. Het doel hiervan is rationeler en functioneler leren denken. Leg uit dat anders denken geen garantie is voor een goede slaap, maar dat de cliënt zo wel anders leert omgaan met het slaapprobleem, waardoor de kans groter is dat de slaap intreedt.
- Leg uit hoe het gedachteschema ingevuld kan worden (zie bijlage).

**De invloed van cognities (tekst uit werkboek)**

'Cognities' is een ander woord voor gedachten. Cognitieve therapie gaat ervan uit dat psychische klachten (gevoelens en gedrag) het gevolg zijn van de gedachten die mensen hebben in een bepaalde situatie.

Stel u voor dat u in bed ligt en u hoort een geluid. Misschien denkt u wel: het is de kat van de buren. Hierdoor voelt u zich wellicht gerustgesteld of juist geïrriteerd omdat het beest u wakker houdt. Misschien draait u zich om in bed of gaat u eruit om de kat te verjagen. Het kan ook zijn dat u denkt: het is een inbreker! In dat geval voelt u zich gespannen of angstig. Het maakt misschien dat u juist stokstijf in bed blijft liggen of probeert te vluchten.

Met dit voorbeeld willen we laten zien dat niet de situatie (het geluid dat u hoort) bepaalt hoe u zich voelt en wat u doet, maar dat uw interpretatie van deze situatie (de gedachten erover) veel meer bepalend is. Dit houdt in dat uw gevoel en gedrag zouden kunnen veranderen als uw interpretatie verandert.

*Automatische gedachten*

Iedereen heeft vrijwel de hele dag door gedachten die zowel positief als negatief gekleurd kunnen zijn. Vaak zijn mensen zich helemaal niet bewust van bepaalde telkens terugkerende gedachten. Deze gedachten noemen we dan ook wel automatische gedachten. Een voorbeeld hiervan zijn gedachten tijdens het fietsen. Toen u net leerde fietsen, dacht u wellicht: als ik nu wil remmen, moet ik achteruittrappen. Na verloop van tijd gaat dit automatisch en denkt u hier niet meer over na. Zo werkt het ook bij slaapproblemen. Iemand die bang is om niet te kunnen slapen, denkt bijvoorbeeld: als ik nu niet slaap, kan ik morgen niet aan mijn verplichtingen voldoen. Iemand die regelmatig slaapproblemen gehad heeft, is zich mogelijk niet meer bewust van deze gedachte, maar ervaart wel het gevoel van onrust en handelt als het ware automatisch door nog beter te proberen te slapen of nog een slaappil te nemen.

*Onderlinge verschillen*

Mogelijk vraagt u zich af waarom de ene persoon wel bepaalde negatieve gedachten heeft als hij of zij niet goed slaapt en de andere niet. Dit heeft te maken met opgedane ervaringen met de slaap. Vaak is het zo dat mensen die overdag moeite hebben met ontspannen, ook moeite hebben met slapen. Deze mensen zijn vaak uiteindelijk vermoeid en kunnen zich bijvoorbeeld minder concentreren. Verder gaan ze ervan uit dat het slechte slapen de oorzaak is van hun problemen overdag, terwijl dit in veel gevallen niet of slechts gedeeltelijk waar is. Vaak is juist een scheve balans tussen in- en ontspanning een onderliggend probleem dat zowel slaapproblemen als (op den duur) vermoeidheid kan veroorzaken. Iemand zonder slaapproblemen kan bijvoorbeeld beter ontspannen en ervaart weinig problemen overdag. Als zo iemand dus een keer of een aantal keren slecht slaapt, legt hij of zij niet de koppeling tussen een slechte slaap en eventuele problemen overdag.

*Negatieve opvattingen en cognitieve schema's*

Als iemand regelmatig negatieve ervaringen heeft met slaap, kunnen zich bepaalde negatieve opvattingen over het niet slapen ontwikkelen, zoals 'slaapproblemen leiden ertoe dat ik overdag niet goed kan functioneren'. Hoe u zich voelt en wat u doet, hangt samen met deze opvattingen. Dergelijke opvattingen worden opgeslagen in het geheugen en vormen zogenoemde cognitieve schema's. Cognitieve schema's zijn in veel gevallen functioneel omdat ze een structuur vormen die de wereld begrijpelijk en overzichtelijk maakt. Geactiveerde schema's bepalen voor een groot deel hoe u een situatie interpreteert en de manier waarop u de gegevens uit deze situatie verwerkt. Bij mensen met slaapproblemen kunnen schema's leiden tot een vertekende waarneming van de slaap of valkuilen in het denken rondom de slaap. Dit kan leiden tot een verergering van de slapeloosheid zoals te zien is in de figuur hieronder (Vicieuze cirkel van niet kunnen slapen en negatieve gedachten).

*Schema van gedachten bij slapeloosheid: een vicieuze cirkel*
Mensen met slapeloosheid denken vaak onbewust op een negatieve manier over het moeilijk slapen, wat gevoelens van angst, boosheid en verdriet mee kan brengen. Deze gedachten worden ook wel disfunctioneel genoemd, omdat ze het slapen in de weg kunnen staan. De met deze gedachten gepaard gaande gevoelens kunnen namelijk leiden tot een toename van de slaapproblemen. Hier volgt een vicieuze cirkel van niet kunnen slapen en negatieve gedachten hierover:

de automatische gedachte: 'Oh jee, als ik niet slaap ga ik morgen op het werk fouten maken'

leidt tot:

gevoelens van onrust en angst

leidt tot:

problemen met slapen

leidt tot:

nog meer of sterkere 'disfunctionele gedachten' over de slaap (en dus de start van een vicieuze cirkel)

Bekijk voor veelvoorkomende disfunctionele automatische gedachten nog eens de lijst 'Houding en gedachten ten opzichte van de slaap' (► H. 2), en ga na of een aantal van deze gedachten (nog steeds) vaak bij u voorkomt.Het doel van cognitieve therapie is om rationeler en functioneler te leren denken. Anders leren denken is geen garantie voor een goede slaap, maar kan wel de kans vergroten om in slaap te vallen. U zult de komende tijd samen met uw behandelaar onderzoeken welke gedachten bij u leiden tot nare gevoelens of gedrag dat u niet helpt. Vervolgens leert u een aantal manieren waarop u deze gedachten kunt onderzoeken, waarbij u gaat kijken of deze wel helemaal kloppen bij de situatie.

Tijdens deze sessie wordt uitgelegd hoe gedachten gevoelens kunnen beïnvloeden en worden de eerste stappen van het invullen van het gedachteschema uitgelegd (zie bijlage). Een voorwaarde voor een andere manier van denken is dat u veel oefent met het opsporen van automatische gedachten. Aanvankelijk doet u dit door gebruik te maken van het gedachteschema, maar uiteindelijk is het de bedoeling dat een andere manier van denken automatisch gaat verlopen, zoals ook de disfunctionele gedachten uiteindelijk ooit automatisch zijn geworden.

## 5.4 Thuiswerk cliënt

Laat cliënt:
- de tekst van sessie 3 nog eens doorlezen en eventuele vragen noteren;
- elke dag het slaapdagboek bijhouden;
- elke dag het dagregistratieformulier invullen;
- de slaapadviezen toepassen;
- het formulier oplossingsgericht denken invullen;
- de gekozen methode(n) (stimuluscontrole en/of slaaprestrictie) toepassen;
- de SE-score van de hele week uitrekenen;
- één keer per dag tijdens het pauzemoment vijf tot tien minuten de ademhalingsoefening uitvoeren, en deze ook op spannende momenten toepassen.



### 5.4.1 Nieuwe opdrachten

Laat cliënt:
- minimaal één keer per dag progressieve relaxatie toepassen en in het registratieformulier ontspanningsoefeningen bijhouden wanneer geoefend werd en hoe het ging. Laat de oefening nog niet in bed of vlak voor het slapen doen!
- de eerste drie kolommen van het gedachteschema invullen.

# Sessie 4 Aan de slag met automatische gedachten

**Samenvatting**

In deze sessie wordt onder andere de progressieve relaxatieoefening nabesproken, slaaprestrictie en/of stimuluscontrole worden besproken en verder ligt de nadruk op het uitdagen van de automatische gedachten die slaapbelemmerend zijn. Het doel is samen met patiënt reëlere gedachten te formuleren ten aanzien van de slaap en de patiënt hiermee te laten oefenen door ook de laatste kolommen van het gedachteschema in te vullen. De valkuilen in het denken over slaap worden besproken, en als er nieuwe gedachten geformuleerd zijn, wordt de cliënt uitgedaagd om bijbehorend gedrag toe te passen.

- Bespreek het slaapdagboek en dagregistratieformulier, en beantwoord eventuele vragen over de schriftelijke informatie.

## 6.1 Slaapgedrag

### 6.1.1 Slaapadviezen

- Bespreek eventueel opnieuw het uitvoeren van de slaapadviezen.

#### Slaaprestrictie en/of stimuluscontrole

- Bereken de SE-score als de cliënt dit zelf nog niet heeft gedaan of niet begrijpt
- Indien de score boven de eerder genoemde leeftijdsnorm is, de uren in bed uitbreiden met een kwartier. Bij 50-plussers is een SE-score van tachtig procent voldoende om uit te breiden, bij 75-plussers is dat zeventig procent.
- Houd indien de SE-score nog te laag is om uit te breiden en er nog geen uitbreiding van bedtijden heeft plaatsgevonden de oude bedtijden aan of kijk of inkorten van de bedtijden mogelijk is. Laat de cliënt een dag per week kiezen om 30-60 minuten eerder naar bed te gaan of later op te staan.
- Bespreek de gewenste bedtijden (let op haalbaarheid!) en probeer daar de komende weken geleidelijk naar toe te werken indien de SE-score het toelaat.

## 6.2 Ontspanning

### 6.2.1 Inplannen pauzemomenten

- Bespreek het dagregistratieformulier en evalueer of pauzemomenten het gewenste effect hebben. Zo niet, ga op zoek naar andere mogelijkheden om overdag een betere balans te vinden tussen in- en ontspanning.

### 6.2.2 Ademhalingsoefening en progressieve relaxatie

- Bespreek eventuele gevoelens van onrust tijdens het oefenen en het vinden van tijd om te oefenen. Bespreek of de progressieve relaxatieoefening eventueel frequenter toegepast kan worden, en zet de oefeningen eventueel ook 's nachts in.
- De komende week staat ook in het teken van de progressieve relaxatie, maar de oefening is korter omdat verschillende spieren tegelijkertijd aangespannen worden. De volgorde is als volgt: 1. beide armen; 2. gezicht, nek en schouders, romp en beide benen. Een geluidsfragment van deze kortere ontspanningsoefening is te vinden op ▶ www.educatie.ntr.nl/beterslapen (opdracht 13).

6

## 6.3 Cognitieve interventies

### 6.3.1 Piekerprogramma

- Evalueer het piekerprogramma. Is het gelukt om de formulieren in te vullen en gebruik te maken van het vaste piekermoment? Bespreek eventuele problemen.

### 6.3.2 Cognitieve therapie, uitdagen

- Bespreek samen het gedachteschema dat de cliënt het liefst wil bespreken. Verdere analyse met behulp van de socratische dialoog kan worden toegepast.
- Onderzoek samen met cliënt of de gedachten reëel of functioneel zijn. Pak ter ondersteuning de lijst met valkuilen in het denken over slaap uit het werkboek erbij en bespreek het schema aan de hand van onderstaande punten.
  - Zijn de verwachtingen reëel of te zwart-wit gesteld? (absoluut dichotoom denken) Bijvoorbeeld: ik moet acht uur slapen, anders ben ik niks waard.
  - Wat beschouwt de cliënt als oorzaken van slapeloosheid? Wordt zij (nog steeds) gezien als iets waar de cliënt zelf geen invloed op heeft? (overhaast conclusies trekken) Bijvoorbeeld: doordat ik een stofje in mijn hoofd mis, kan ik niet slapen.
  - Krijgt slapeloosheid de schuld van alle klachten overdag? (selectieve abstractie) Bijvoorbeeld: ik heb relatieproblemen, en dat komt alleen maar doordat ik slecht slaap.
  - Gaat de cliënt na een slechte nacht van tevoren uit van rampscenario's? (catastrofaal denken) Bijvoorbeeld: als ik niet slaap, dan zal er morgen helemaal niets uit mijn handen komen.
  - Vindt de cliënt dat het slaapprobleem iets over hemzelf zegt in negatieve zin? (op jezelf betrekken) Bijvoorbeeld: ik slaap niet, dus ik ben gewoon een mislukkeling.
  - Kijkt de cliënt alleen naar de dingen die je niet kunt na een nacht slecht slapen? (alleen letten op het negatieve) Bijvoorbeeld: ik heb maar vier uur geslapen, dus kan ik morgen minder goed opletten tijdens de vergadering.
  - Gaat de cliënt ervan uit dat hij of zij vannacht toch wel weer niet zal slapen? (toekomstdenken) Bijvoorbeeld: morgen heb ik een drukke dag, dus dat wordt weer niks met die slaap vannacht.
- Formuleer samen met de cliënt functionelere en reëlere gedachten die het slapen minder in de weg staan.
- Laat de cliënt nadenken over wat deze anders zou doen als de nieuwe gedachten geformuleerd zijn, bijvoorbeeld: ik kan beter opstaan in plaats van liggen woelen en draaien in bed en dat dan ook doen.

## 6.4 Thuiswerk cliënt

Laat cliënt:

- de tekst van sessie 4 nog eens doorlezen en eventuele vragen noteren;
- elke dag het slaapdagboek bijhouden;
- elke dag het dagregistratieformulier invullen;
- de slaapadviezen toepassen;
- het formulier oplossingsgericht denken invullen;
- de gekozen methode(n) (stimuluscontrole en/of slaaprestrictie) toepassen;
- de SE-score van de hele week uitrekenen. Indien de score hoger is dan de normwaarde, de tijd in bed uitbreiden met vijftien minuten;
- pauzemomenten inplannen en ademhalingsoefeningen uitvoeren, ook op spannende momenten;
- een of twee keer per dag de tweede ontspanningsoefening (progressieve relaxatie, kort) doen en op het registratieformulier van de ontspanningsoefeningen bijhouden wanneer zij werd uitgevoerd en hoe het ging. Deze nu eventueel ook in bed of voor het slapen proberen.



### 6.4.1 Nieuwe opdrachten

- Het gedachteschema invullen, inclusief uitdagen.

# Sessie 5 Vervolg cognitieve therapie

**Samenvatting**
In deze sessie wordt verdere verdieping gegeven. Slaaprestrictie en/of stimuluscontrole worden aan de hand van de SE-score aangepast. Eventueel wordt een begin gemaakt met het geleidelijk uitbreiden van de bedtijden richting gewenste (maar wel reële!) bedtijden. Autogene training wordt geoefend (oefening volgens Schultz). Een gedachteschema wordt besproken, en de lijst 'Houding en gedachten over de slaap' die in sessie 0 ingevuld is, wordt besproken. Niet-helpende gedachten over de slaap kunnen betrekking hebben op de consequenties van slapeloosheid, bezorgdheid/hulpeloosheid over slapeloosheid, en verwachtingen over slaap en medicatie. Het huiswerk richt zich wederom op slaapgedrag, ontspanning en automatische negatieve gedachten.

- Bespreek het slaapdagboek en dagregistratieformulier, en beantwoord eventuele vragen over de schriftelijke informatie.

## 7.1 Slaapgedrag

### 7.1.1 Slaapadviezen

- Bespreek eventueel opnieuw het uitvoeren van de slaapadviezen.

### 7.1.2 Slaaprestrictie en/of stimuluscontrole

- Bereken de SE-score als de cliënt dit zelf nog niet heeft gedaan of niet begrijpt.
- Indien de score voldoende is, de uren in bed uitbreiden met een kwartier.



## 7.2 Ontspanning

### 7.2.1 Inplannen pauzemomenten

- Bespreek het dagregistratieformulier en evalueer of pauzemomenten het gewenste effect hebben.

### 7.2.2 Ademhalingsoefening en autogene training volgens Schultz

- Bespreek de oefeningen aan de hand van het registratieformulier, en laat deze eventueel ook 's nachts inzetten.
- De derde ontspanningsoefening is autogene training, dit is een oefening die bedoeld is om via gedachten te ontspannen. Er wordt gebruikgemaakt van een ontspanningsscène aan het strand. Een geluidsfragment van deze kortere ontspanningsoefening is te vinden op ▶ www.educatie.ntr.nl/beterslapen (opdracht 16).

**Autogene training (tekst uit werkboek)**

- Een paar opmerkingen vooraf. U zult merken dat ik het woord 'ontspan' regelmatig herhaal. Zeg het woord mee, inwendig tegen uzelf, ook bij de oefeningen thuis. Probeer verder alle aandacht te richten op de lichaamsdelen die ik noem. Dus als ik zeg: 'ontspan de spieren van de benen', denk dan ook aan uw benen, richt alle aandacht op uw benen.
- Ten slotte zal ik u op een gegeven moment vragen om u een situatie voor te stellen die u als prettig en ontspannen ervaart. Als u later de oefening zonder geluidsfragment doet, kunt u deze zelf kiezen. Vandaag nemen we het strand.

- We beginnen de oefening met een keer diep zuchten. Een soort zucht van verlichting die u zou slaken als de problemen waarmee u zit, opgelost zouden zijn. Ik zal het voordoen (volledig inademen en uitademen). Doe het maar ... ontspan ...
- Ontspan alle spieren van de benen ... alle spieren van de benen ... richt alle aandacht op de spieren van de benen ... de voeten ... kuiten ... knieën ... bovenbenen ... ontspan ... alle spieren van de benen.
- Ontspan alle spieren van de armen ... alle spieren van de armen ... denk aan de spieren van uw armen ... de vingers ... handen ... ellebogen ... schouders ... ontspan ... alle spieren van de armen ...
- Ontspan nu alle spieren van uw schouders en romp ... alle spieren van uw schouders en romp ... denk aan alle spieren van uw schouders ... de bovenkant en onderkant van uw rug ... uw borstspieren en uw buikspieren ... ontspan ... alle spieren van uw schouders en romp ...
- Ontspan alle spieren van de kaak ... alle spieren van de kaak, zodat de kiezen elkaar niet meer raken ... het is net of uw mond zou kunnen openvallen ... ontspan alle spieren van uw kaak ... de tong ligt los en ontspannen in uw mond ... ontspan ... alle spieren van de kaak.
- Ontspan alle spieren van uw ogen en voorhoofd ... alle spieren van uw ogen, zodat de oogleden los naar beneden hangen ... ontspan ... alle spieren van uw ogen en voorhoofd.
- Als u de wenkbrauwen even op en neer wilt doen, lukt dat direct ... probeer het maar ... goed zo, ... maar als u de ogen wilt openen, is het net alsof dat moeilijk gaat ... probeer het maar ... juist, dat is een teken dat uw oogleden goed ontspannen zijn.
- Ontspan, dieper en dieper ... verder en verder ... uw lichaam wordt loom en zwaar ... ontspan ... dieper en dieper ... uw lichaam wordt zwaarder en zwaarder ... ontspan ... uw ademhaling wordt rustiger, net als bij het begin van de slaap ... ontspan.
- Alle geluiden die u hoort, dragen er alleen maar toe bij dat uw ontspanning dieper en dieper wordt ... alle geluiden die van buiten komen, maken u alleen maar lomer en lomer ... het geruis van het verkeer, voetstappen en stemmen in huis, getjilp van vogels, de wind of de regen, al die geluiden dragen bij tot een diepe, diepe ontspanning ... ontspan.
- Terwijl u zo ontspannen zit, stelt u zich voor dat u op het strand ligt ... schuin tegen de duinen ... u voelt het warme zand ... u voelt de zonnestralen ... u hoort het ruisen van de zee ... u voelt zich loom en zwaar ... in de verte hoort u het geruis van het verkeer ... af en toe hoort u stemmen van mensen ... al die geluiden maken u alleen maar dromeriger ...
- Terwijl u daar ligt, kijkt u naar de blauwe lucht ... grote witte wolken trekken langzaam voorbij ... net een optocht van stille, donzige figuren ... u voelt u fijn ... loom ... zwaar ... De zon gaat schuil achter een wolk, een wolk met felle witte randen, waar uw ogen een beetje pijn van doen ... langzaam schuift die wolk weg

en ineens komt de zon te voorschijn en wordt u overgoten door warme zonnestralen … uw ogen vallen dicht, en het is net alsof u in een diepe slaap valt … Terwijl u daar ontspannen tegen de duinen ligt, kijkt u uit over zee … U hoort het ruisen van het water … aan de einder ziet u de blauwe lucht … eindeloos ver is het water … heel in de verte ziet u een zeilbootje … het is niet meer dan een wit vlekje dat steeds kleiner … en kleiner wordt … u kijkt ernaar … het is nog maar een puntje … dan is het weg … dan is 't er weer … dan is 't weg … het blijft weg ….en u ziet allemaal kleine puntjes dansen tegen de blauwe lucht … uw ogen worden moe … en vallen dicht, en het is net of u in een diepe slaap valt.

- Laat nu deze beelden los en richt alle aandacht weer op uw eigen lichaam … ontspan … de benen … de armen … de romp … de schouders … de kaak … de ogen … voorhoofd … dieper en dieper … verder en verder. U voelt u loom en zwaar … en telkens als u gaat zitten of liggen, en u tegen uzelf zegt: 'ontspan', komt dit gevoel van ontspannenheid *onmiddellijk* terug … telkens als u gaat zitten of liggen, en u zegt tegen uzelf: 'ontspan', komt dit gevoel van ontspannenheid onmiddellijk terug.
- Tel nu inwendig langzaam tot drie en bij de derde tel is het dan net alsof u wakker wordt … één … u krijgt al het gevoel van ontwaken … twee … u opent uw ogen … drie … u komt overeind en spant even uw armen en benen … goed zo … beur de benen maar op en rek u tegelijk uit … goed zo … Dat spannen van de spieren is nodig omdat u anders het gevaar loopt nog lange tijd loom te blijven.

(Naar Orlemans, Eelen, Hermans, 1993)

## 7.3 Cognitieve interventies

### 7.3.1 Piekerprogramma

- Evalueer het piekerprogramma. Is het gelukt om de formulieren in te vullen en gebruik te maken van het vaste piekermoment? Bespreek eventuele problemen.

### 7.3.2 Cognitieve therapie

- Bespreek een nieuw ingevuld gedachteschema en bekijk samen met cliënt wederom of de gedachten reëel en functioneel zijn, eventueel opnieuw aan de hand van de lijst met valkuilen in het denken over slaap.
- Laat de lijst 'Houding en gedachten ten opzichte van de slaap' opnieuw invullen met een andere kleur pen, en bekijk of bepaalde cognities al veranderd zijn. Als dat niet het geval is, bespreek dan de gedachten waar cliënt het meest van overtuigd is met behulp van de volgende lijst, waarbij de cijfers tussen haakjes overeenkomen met de nummers van de uitspraken in de lijst 'Houding en gedachten ten opzichte van de

slaap'. Formuleer samen met cliënt functionelere en rationelere gedachten. Bespreek de lijst aan de hand van de volgende punten (uit: *Slapeloosheid*, Verbeek & Klip, 2013).

- Niet-helpende gedachten over de slaap kunnen betrekking hebben op verschillende onderwerpen, namelijk:
  a. *Consequenties van slapeloosheid* (vraag 5, 7, 9, 12, 16). Langdurige slapeloosheid kan leiden tot negatieve gevolgen overdag, zoals vermoeidheid, moeite met concentreren of onthouden, stemmingsproblemen of fouten maken. Toch is het belangrijk om niet te blijven hangen in de negatieve gevolgen van slecht slapen maar te leren verdraagzamer om te gaan met slapeloosheid. Ga door met uw dagactiviteiten, zelfs na een slechte nacht. Het leidt uw gedachten af van de slaap en kan u bovendien laten zien dat het functioneren overdag niet helemaal afhankelijk is van de nacht. Ga eens na of het echt zo is dat u bijvoorbeeld meer fouten maakt na een slechte nacht. Leg uzelf niet de druk op om er voor honderd procent tegenaan te gaan, tachtig procent is ook ruim voldoende en kost minder energie. Ga juist iets leuks doen na een slechte nacht!
  b. *Bezorgdheid/hulpeloosheid over slapeloosheid* (vraag 3, 4, 8, 10, 11, 14). Veel mensen geven slaap de schuld van alles wat er overdag misgaat. Hoewel slecht slapen inderdaad klachten geeft overdag, is het onjuist om alle klachten alleen toe te schrijven aan slecht slapen. Stel uzelf de volgende vraag: zou er ook iets anders kunnen zijn wat me bezighoudt en mijn functioneren beïnvloedt? Denk hierbij aan dingen die ook uw stemming kunnen bepalen en uw energie kunnen doen dalen, bijvoorbeeld uw werk, relaties of gezondheid. Opnieuw is het belangrijk om ook naar andere verklaringen te zoeken dan alleen naar slaapproblemen. Bovendien kun je slaap niet afdwingen, dat weet u allang. Doe niet te veel uw best om te slapen. U hebt vast wel eens tegen uzelf gezegd: ik móét nu slapen. U weet dat u de omstandigheden kunt creëren waarin slaap de kans krijgt om in te treden. Soms kan het zelfs beter zijn om te proberen wakker te blijven; de slaap zal dan juist sneller komen omdat u die niet meer verwacht!
  c. *Verwachtingen van slaap* (vraag 1, 2). Kijk eens naar de volgende uitspraak 'Ik heb 8 uur slaap nodig om overdag goed te kunnen functioneren.' Naast het feit dat er individueel verschillende behoeften zijn wat betreft de slaapduur is het niet realistisch te verwachten dat we altijd uitgerust wakker worden. Zelfs bij goede slapers wisselt het energieniveau van dag tot dag. Dus als u zich overdag niet uitgerust voelt, is dit niet per definitie abnormaal, en het betekent zelfs niet altijd dat de slaap verstoord was. Bovendien legt u uzelf een grote druk op door acht uur te willen slapen; dit verhoogt weer de angst om slecht te slapen. In sessie 1 (► H. 2.1) hebben we het begrip kern- en restslaap uitgelegd. De eerste uren van de slaap zijn het belangrijkst voor herstel. Het gaat dan ook niet zozeer om het aantal uren dat we slapen maar om de kwaliteit van de slaap. Een goede lichamelijke en geestelijke ontspanning draagt ook bij aan herstel. Sommige mensen beperken hun activiteiten tot een minimum vanwege slapeloosheid; hun hele leven is ingericht rond de slaap. Pas als de slaap verbetert, kan men zich weer goed voelen. Hoewel we ongeveer een derde van ons leven

doorbrengen met slapen en het een essentieel element is van een goede kwaliteit van leven, moeten we het ook niet belangrijker maken dan het is en al onze dagactiviteiten af laten hangen van de kwaliteit van de nachtslaap. Zie uzelf niet enkel als een slachtoffer dat geen grip heeft op de slaap, maar maak van uzelf een 'dader' die actief aan de slag gaat om de slaap te verbeteren.

d. *Medicatie* (vraag 6, 13, 15). Het is begrijpelijk dat u de oorzaken van uw slapeloosheid het liefst buiten uzelf zoekt. Misschien denkt u dat uw slapeloosheid een lichamelijke oorzaak heeft (een stofje dat u mist, pijn, ouder worden). Hoewel deze factoren mogelijk bijdragen aan uw slapeloosheid, zullen ze ook bijdragen aan de gedachte 'ik kan niets doen om mijn slaap te verbeteren', en dat is niet waar. Slapeloosheid heeft vaak meerdere oorzaken. Concentreer u op de factoren waar u wel invloed op hebt: regelmatige bedtijden, niet te lang op bed blijven, overdag geen slaap inhalen en regelmatig ontspanningsoefeningen doen. Slapeloosheid is een complex probleem en de oplossing moet dan ook in meerdere richtingen gezocht worden.



- Naast het ombuigen van gedachten kan een accepterende houding helpen. Hierbij wordt de nadruk niet zozeer op slaap gelegd, maar op lichamelijk en geestelijk ontspannen, omdat je daar wel invloed op kunt uitoefenen.

## 7.4 Thuiswerk cliënt

Laat cliënt:

- de tekst van sessie 5 nog eens doorlezen en eventuele vragen noteren;
- elke dag het slaapdagboek bijhouden;
- elke dag het dagregistratieformulier invullen;
- de slaapadviezen toepassen;
- het formulier oplossingsgericht denken invullen;
- de gekozen methode(n) (stimuluscontrole en/of slaaprestrictie) toepassen;
- de SE-score van de hele week uitrekenen. Indien de score hoger is dan de normwaarde, de tijd in bed uitbreiden met vijftien minuten;
- pauzemomenten en ademhalingsoefeningen uitvoeren, ook op spannende momenten;
- een of twee keer per dag de derde ontspanningsoefening (autogene training) doen, en op het registratieformulier van ontspanningsoefeningen bijhouden wanneer ze werden uitgevoerd en hoe het ging.

### 7.4.1 Nieuwe opdrachten

Laat cliënt:

- nog een keer de lijst 'Houding en gedachten ten opzichte van de slaap' bekijken;
- het volledige gedachteschema invullen, inclusief het formuleren van een nieuwe gedachte.

# Sessie 6 Evaluatie

**Samenvatting**

Deze sessie is met name gericht op het evalueren van de verschillende cognitieve en gedragstherapeutische methoden. Besproken wordt welke methoden eventueel hebben bijgedragen aan een betere slaap en wat de patiënt zou kunnen doen om terugval in de komende periode te voorkomen. Ook wordt besproken of er redenen zijn om bepaalde oefeningen juist te stoppen. Het slaapevaluatieformulier wordt opnieuw ingevuld en vergeleken met de beginsituatie.

- Bespreek het slaapdagboek en dagregistratieformulier, en beantwoord eventuele vragen over de schriftelijke informatie.

## 8.1 Slaapgedrag

### 8.1.1 Slaapadviezen

- Bespreek eventueel opnieuw het uitvoeren van de slaapadviezen.

### 8.1.2 Slaaprestrictie en/of stimuluscontrole

- Ga indien de SE-score het toelaat door met het geleidelijk uitbreiden van de bedtijden naar gewenste tijdstippen van naar bed gaan en opstaan, of handhaaf het huidige ritme.
- Bespreek wenselijke (maar reële!) bedtijden om naar toe te werken na de behandeling: hoe laat naar bed, hoe laat op, zowel op werkdagen als vrije dagen.



## 8.2 Ontspanning

### 8.2.1 Inplannen pauzemomenten

- Bespreek het dagregistratieformulier en evalueer of pauzemomenten en ontspannings- en ademhalingsoefeningen het gewenste effect hebben.

### 8.2.2 Ademhalingsoefening en progressieve relaxatie

- Bespreek de oefeningen.

### 8.2.3 Snelle ontspanning

- Leer de cliënt de volgende korte ontspanningsoefening aan.

**Korte ontspanningsoefening (tekst uit werkboek)**

- Ga even rustig zitten en 'anker' de situatie. Dit betekent dat u de oefeningen in het begin steeds in dezelfde stoel en in dezelfde houding doet, zodat die uiteindelijk 'automatisch' tot een ontspannen gevoel kunnen leiden.
- Adem diep in en laat de lucht langzaam naar buiten lopen.
- Denk 'ontspan' telkens als u uitademt.

- Doorloop met uw gedachten uw lichaam, zoek naar onderdelen die gespannen zijn en ontspan zo veel mogelijk.
- Blijf dertig tot zestig seconden in deze ontspannen toestand.

(uit: *Slapeloosheid*, Verbeek & Klip, 2013)

## 8.3 Cognitieve interventies

### 8.3.1 Piekerprogramma

- Bespreek eventuele veranderingen in de lijst 'Houding en gedachten ten opzichte van de slaap' met cliënt. Zijn de ideeën over slaap veranderd in de afgelopen weken? Vraag de cliënt om de komende tijd te blijven letten op negatieve gevoelens en gedachten over de slaap. Vraag of de cliënt deze wil uitdagen en ombuigen naar meer reële of positieve gedachten en te letten op valkuilen in het denken.

### 8.3.2 Cognitieve therapie

- Ga na hoe het gaat met het uitdagen van disfunctionele gedachten rondom de slaap. Als het niet goed gaat, sta dan stil bij waarom het niet gelukt is en motiveer de cliënt om ermee te blijven oefenen. Het hoeft niet in één keer perfect te gaan.
- Bespreek een gedachteschema en werk dit waar nodig nog een keer samen met de cliënt uit.

## 8.4 Evaluatie

- Laat de cliënt het slaapevaluatieformulier in het werkboek invullen en vergelijk dit met het formulier dat tijdens de intake ingevuld is (zie ook de Slaapevaluatielijst in de bijlage). Ga na welke vooruitgang is geboekt.
- Vergelijk wat er nu in het slaapdagboek staat met dat wat er voorafgaand aan de behandeling is genoteerd. Wat valt de cliënt hierbij op?

## 8.5 Terugvalpreventie

- Maak samen met de cliënt een overzicht van de opdrachten die het best gewerkt hebben en maak een plan met afspraken over de toepassing hiervan.
- Vraag de cliënt om dit plan op een gemakkelijk te bereiken plek in huis neer te leggen, zodat hij of zij er snel op terug kan vallen als het mis zou gaan met de slaap. Dus niet op zolder of tussen een stapel andere papieren.

## 8.6 Follow-up

- Plan een follow-upgesprek over één maand.

## 8.7 Thuiswerk cliënt

Laat cliënt:
- de tekst van sessie 6 nog eens doorlezen en eventuele vragen noteren;
- doorgaan met oefeningen die werken;
- regelmatig het lijstje bekijken van opdrachten die goed hebben gewerkt;
- eventuele terugval noteren en hoe hiermee omgegaan is;
- een week voor de afspraak een slaapdagboek en dagregistratieformulier invullen.

### 8.7.1 Nieuwe opdrachten



Laat cliënt:
- twee keer per dag de snelle relaxatieoefening uitvoeren en in het registratieformulier van ontspanningsoefeningen bijhouden wanneer ze werden uitgevoerd en hoe het ging.

# Sessie 7 Follow-up na één maand

**Samenvatting**

De eerste follow-up na één maand is een belangrijk moment na zes wekelijkse bijeenkomsten. Normaal gesproken heeft men niet meer elke dag een slaapdagboek en dagregistratieformulier ingevuld (maar wel in de week voor de follow-upbijeenkomst). Men is zelf aan de slag gegaan en wellicht zijn de bedtijden (te ver) uitgebreid. Besproken wordt wat goed ging, wat beter kan, en hoe dat zou kunnen. Er kan eventueel een hulpvraag op een ander gebied dan de slaap worden geformuleerd en zelf worden opgepakt, of betrokkene kan verwezen worden naar elders.

- Bespreek in het algemeen hoe het de afgelopen maand gegaan is, en zoom in op de afgelopen week aan de hand van het slaapdagboek en dagregistratieformulier.

## 9.1 Slaapgedrag

### 9.1.1 Slaapadviezen

- Bespreek eventueel opnieuw het uitvoeren van de slaapadviezen.

### 9.1.2 Slaaprestrictie en/of stimuluscontrole

- Bekijk aan de hand van de SE-score of aanpassingen in bedtijden wenselijk zijn.

## 9.2 Ontspanning

### 9.2.1 Inplannen pauzemomenten

- Bespreek het dagregistratieformulier.

### 9.2.2 Ademhalingsoefening, progressieve relaxatie en snelle ontspanning

- Bespreek de oefeningen.

## 9.3 Cognitieve interventies

### 9.3.1 Piekerprogramma

- Evalueer het piekerprogramma. Bespreek eventuele problemen.

### 9.3.2 Cognitieve therapie

- Ga na hoe het gaat met het uitdagen van disfunctionele gedachten rondom de slaap. Als het niet goed gaat, sta dan stil bij de vraag waarom het niet gelukt is en motiveer de cliënt om er mee te blijven oefenen. Het hoeft niet in één keer perfect te gaan.
- Bespreek een gedachteschema en werk dit waar nodig nog een keer samen met cliënt uit.

## 9.4 Evaluatie

- Laat de cliënt het slaapevaluatieformulier in het werkboek invullen. Ga na welke vooruitgang is geboekt.
- Vergelijk wat er nu in het slaapdagboek staat met dat wat er voorafgaand aan de behandeling is genoteerd. Zijn alle doelen behaald?
- Zijn er onderdelen die de komende periode extra aandacht behoeven?
- Ga na of er redenen zijn om te stoppen met bepaalde oefeningen.

## 9.5 Terugvalpreventie

- Bekijk samen met de cliënt nog eens het overzicht van de opdrachten die het best gewerkt hebben en maak afspraken over de toepassing hiervan in de komende zes maanden.

## 9.6 Follow-up

- Plan een follow-upgesprek over drie maanden.

## 9.7 Thuiswerk cliënt

- Doorgaan met oefeningen die werken.
- Regelmatig het lijstje bekijken van opdrachten die goed hebben gewerkt.
- Eventuele terugval noteren en hoe hiermee omgegaan is.
- Een week voor de afspraak een slaapdagboek en dagregistratieformulier invullen.

# Sessie 8 Follow-up na drie maanden

**Samenvatting**

Deze laatste follow-up is met name gericht op afronding van de behandeling. Eventueel kan op een later moment een boostersessie worden ingepland.

- Bespreek in het algemeen hoe het de afgelopen drie maanden gegaan is, en zoom in op de afgelopen week aan de hand van het slaapdagboek en dagregistratieformulier.

## 10.1 Slaapgedrag

### 10.1.1 Slaapadviezen

- Bespreek eventueel opnieuw het uitvoeren van de slaapadviezen.

### 10.1.2 Slaaprestrictie en/of stimuluscontrole

- Bekijk aan de hand van de SE-score of aanpassingen in bedtijden wenselijk zijn.

## 10.2 Ontspanning

### 10.2.1 Inplannen pauzemomenten

- Bespreek het dagregistratieformulier.



### 10.2.2 Ademhalingsoefening, progressieve relaxatie en snelle ontspanning

- Bespreek de oefeningen.

## 10.3 Cognitieve interventies

### 10.3.1 Piekerprogramma

- Evalueer het piekerprogramma. Bespreek eventuele problemen.

### 10.3.2 Cognitieve therapie

- Ga na hoe het gaat met het uitdagen van disfunctionele gedachten rondom de slaap. Als het niet goed gaat, sta dan stil bij de vraag waarom het niet gelukt is en motiveer de cliënt om er mee te blijven oefenen. Het hoeft niet in één keer perfect te gaan.
- Bespreek een gedachteschema en werk dit waar nodig nog een keer samen met cliënt uit.

## 10.4 Evaluatie

- Laat de cliënt het slaapevaluatieformulier in het werkboek invullen. Ga na welke vooruitgang is geboekt.
- Vergelijk wat er nu in het slaapdagboek staat met dat wat er voorafgaand aan de behandeling is genoteerd. Zijn alle doelen behaald?
- Zijn er onderdelen die de komende periode extra aandacht behoeven?
- Ga na of er redenen zijn om te stoppen met bepaalde oefeningen.

## 10.5 Terugvalpreventie

- Bekijk samen met de cliënt nog eens het overzicht van de opdrachten die het best gewerkt hebben en maak afspraken over de toepassing hiervan.

## 10.6 Afronding

- Sluit de behandeling af.

## 10.7 Thuiswerk cliënt

- Doorgaan met oefeningen die werken.
- Op de slaap blijven letten. Als het een tijd minder gaat met onduidelijke reden nog eens een week een slaapdagboek en dagregistratieformulier invullen en die zelf bekijken.
- Eventueel een boostersessie inplannen.

# Bijlagen

# Formulieren

**Houding en gedachten ten opzichte van de slaap**[1]

Hieronder vindt u een aantal opvattingen over slaap en slapeloosheid.
Geef met een kruisje aan in hoeverre u het eens of oneens bent met iedere opvatting. Er is geen goed of fout antwoord. Beantwoord álle vragen. Het invullen van deze lijst duurt 5-10 minuten.

1. Ik heb 8 uur slaap nodig om me uitgerust te voelen en overdag goed te kunnen functioneren.
mee eens:______:______:_______:______:______: mee oneens

2. Wanneer ik een nacht niet genoeg slaap, moet ik dit de volgende dag inhalen door een dutje te doen of door de volgende nacht langer te slapen.
mee eens:______:______:_______:______:______: mee oneens

3. Ik ben bang dat langdurige slapeloosheid ernstige gevolgen heeft voor mijn lichamelijke gezondheid.
mee eens:______:______:_______:______:______: mee oneens

4. Ik ben bang dat ik de controle over mijn vermogen om te slapen heb verloren.
mee eens:______:______:_______:______:______: mee oneens

5. Ik weet dat een slechte nacht gevolgen zal hebben voor mijn dagelijkse activiteiten de volgende dag.
mee eens:______:______:_______:______:______: mee oneens

6. Om overdag helder te zijn en goed te functioneren, ben ik beter af met een slaappil dan met een slechte nacht.
mee eens:______:______:_______:______:______: mee oneens

7. Als ik me overdag geïrriteerd, neerslachtig of angstig voel, komt dat omdat ik de nacht ervoor niet goed geslapen heb.
mee eens:______:______:_______:______:______: mee oneens

8. Ik weet dat als ik een nacht slecht slaap het mijn slaapritme voor de hele week zal verstoren.
mee eens:______:______:_______:______:______: mee oneens

9. Zonder voldoende nachtrust kan ik nauwelijks functioneren de volgende dag.
mee eens:______:______:_______:______:______: mee oneens

10. Ik kan nooit voorspellen wanneer ik goed of slecht zal slapen.
mee eens:______:______:_______:______:______: mee oneens

11. Ik kan moeilijk met de negatieve gevolgen van slapeloosheid omgaan.
mee eens:______:______:_______:______:______: mee oneens

12. Als ik me overdag moe voel, geen energie heb of niet goed functioneer, komt dat over het algemeen omdat ik de vorige nacht niet goed geslapen heb.
mee eens:______:______:_______:______:______: mee oneens

13. Ik denk dat slapeloosheid in essentie het resultaat is van een chemische disbalans.
mee eens:______:______:_______:______:______: mee oneens

14. Ik voel dat slapeloosheid mijn leven verpest en mij afhoudt van de dingen die ik wil doen.
mee eens:______:______:_______:______:______: mee oneens

15. Slaappillen zijn waarschijnlijk de enige oplossing voor slapeloosheid.
mee eens:______:______:_______:______:______: mee oneens

16. Ik vermijd verplichtingen (sociaal, familie) na een slechte nacht of zeg ze af.
mee eens:______:______:_______:______:______: mee oneens

[1]Uit: *Slapeloosheid,* Verbeek en Klop, 2013.

SLAAPDAGBOEK©

DAG 1 Datum:__-__-__ Tijd naar bed:__.__ Tijd uit bed:__.__

20 21 22 23 24 1 2 3 4 5 6 7 8 9 10 11 12 13 14 15 16 17 18 19 20

DAG 2 Datum:__-__-__ Tijd naar bed:__.__ Tijd uit bed:__.__

20 21 22 23 24 1 2 3 4 5 6 7 8 9 10 11 12 13 14 15 16 17 18 19 20

DAG 3 Datum:__-__-__ Tijd naar bed:__.__ Tijd uit bed:__.__

20 21 22 23 24 1 2 3 4 5 6 7 8 9 10 11 12 13 14 15 16 17 18 19 20

DAG 4 Datum:__-__-__ Tijd naar bed:__.__ Tijd uit bed:__.__

20 21 22 23 24 1 2 3 4 5 6 7 8 9 10 11 12 13 14 15 16 17 18 19 20

DAG 5 Datum:__-__-__ Tijd naar bed:__.__ Tijd uit bed:__.__

20 21 22 23 24 1 2 3 4 5 6 7 8 9 10 11 12 13 14 15 16 17 18 19 20

DAG 6 Datum:__-__-__ Tijd naar bed:__.__ Tijd uit bed:__.__

20 21 22 23 24 1 2 3 4 5 6 7 8 9 10 11 12 13 14 15 16 17 18 19 20

DAG 7 Datum:__-__-__ Tijd naar bed:__.__ Tijd uit bed:__.__

20 21 22 23 24 1 2 3 4 5 6 7 8 9 10 11 12 13 14 15 16 17 18 19 20

## SLAAPEVALUATIELIJST

### INSTRUCTIE

Onderstaande vragen gaan over **hoe u uw slaap ervaart.**

Om te antwoorden hoeft u alleen het cijfer te omcirkelen bij het antwoord dat het beste op u van toepassing is. Dus vindt u bijvoorbeeld dat u over het algemeen enigszins moeite heeft met inslapen, komt dit er als volgt uit te zien:

**Voorbeeld**

| | Geen | Een beetje | Matig | Ernstig | Zeer ernstig |
|---|---|---|---|---|---|
| moeite met inslapen | 0 | (1) | 2 | 3 | 4 |

**Beantwoord alle uitspraken. Omcirkel slechts één antwoord bij elke uitspraak!**

Het is mogelijk dat u per ongeluk het verkeerde antwoord omcirkelt of bij nader inzien toch een ander antwoord wilt geven. Als dat het geval is, kruis dan het foute antwoord duidelijk door en omcirkel het juiste antwoord.

**1. Geef de ernst van uw slaapproblemen aan gedurende de afgelopen twee weken:**

| | Geen | Een beetje | Matig | Ernstig | Zeer ernstig |
|---|---|---|---|---|---|
| a) Moeite met inslapen | 0 | 1 | 2 | 3 | 4 |
| b) Moeite met doorslapen | 0 | 1 | 2 | 3 | 4 |
| c) Problemen met te vroeg wakker worden | 0 | 1 | 2 | 3 | 4 |

**2. Hoe tevreden bent u met uw huidige slaappatroon?**

| Zeer tevreden | Tevreden | Neutraal | Ontevreden | Zeer ontevreden |
|---|---|---|---|---|
| 0 | 1 | 2 | 3 | 4 |

**3. In hoeverre beïnvloeden uw slaapproblemen uw dagelijkse functioneren? (bijvoorbeeld vermoeidheid, concentratie, geheugen en stemming)**

| Geen negatieve invloed | Een beetje | Enigszins | Veel | Zeer veel negatieve invloed |
|---|---|---|---|---|
| 0 | 1 | 2 | 3 | 4 |

**4. Hoe opvallend zijn de dagelijkse gevolgen van uw slaapprobleem voor anderen?**

| Helemaal niet opvallend | Een beetje | Enigszins | Erg | Heel erg opvallend |
|---|---|---|---|---|
| 0 | 1 | 2 | 3 | 4 |

**5. Hoe ongerust bent u over uw huidige slaapproblemen?**

| Helemaal niet ongerust | Een beetje | Enigszins | Erg | Heel erg ongerust |
|---|---|---|---|---|
| 0 | 1 | 2 | 3 | 4 |

Vertaald naar: C.M. Morin (1993), © Kempenhaege

## DAGREGISTRATIEFORMULIER

| week: | evaluatie nacht (*) | activiteiten ochtend (**) | activiteiten middag (**) | activiteiten avond (**) | evaluatie v.d. dag (***) |
|---|---|---|---|---|---|
| datum: | 1<br><br>2(0-10): | (0-10): | (0-10): | (0-10): | 1<br><br>2(0-10): |
| datum: | 1<br><br>2(0-10): | (0-10): | (0-10): | (0-10): | 1<br><br>2(0-10): |
| datum: | 1<br><br>2(0-10): | (0-10): | (0-10): | (0-10): | 1<br><br>2(0-10): |
| datum: | 1<br><br>2(0-10): | (0-10): | (0-10): | (0-10): | 1<br><br>2(0-10): |
| datum: | 1<br><br>2(0-10): | (0-10): | (0-10): | (0-10): | 1<br><br>2(0-10): |
| datum: | 1<br><br>2(0-10): | (0-10): | (0-10): | (0-10): | 1<br><br>2(0-10): |
| datum: | 1<br><br>2(0-10): | (0-10): | (0-10): | (0-10): | 1<br><br>2(0-10): |

(*) Laat u bij de evaluatie van de nacht leiden door de volgende vragen:
1. Wat waren de slaapverstoorders (bijv. lawaai, piekeren, snurken partner)
2. Subjectieve kwaliteit van de nachtslaap? (rapportcijfer (0-10))

(**) Noteer kort de activiteiten per dagdeel en de mate van spanning (0-10) 10 is maximaal gespannen en 0 is volledig ontspannen

(***) Laat u bij de evaluatie van de dag leiden door de volgende vragen:
1. Waren er positieve of negatieve gebeurtenissen vandaag of een gewone dag?
2. Hoe slaperig was u met het naar bed gaan? (0-10) 10 is maximaal slaperig en 0 is klaarwakker

## FORMULIER OPLOSSINGSGERICHT DENKEN

Datum:.......................................

Tijdstip van invullen:......................

Piekergedachte:

Wat is het probleem?

Wat zijn de verschillende oplossingen?

1. ____________________
2. ____________________
3. ____________________
4. ____________________
5. ____________________

Wat zijn de voor- en nadelen van de verschillende oplossingen?

| oplossing | voordelen | nadelen |
|---|---|---|
| 1 | –<br>–<br>–<br>– | –<br>–<br>–<br>– |
| 2 | –<br>–<br>–<br>– | –<br>–<br>–<br>– |
| 3 | –<br>–<br>–<br>– | –<br>–<br>–<br>– |
| 4 | –<br>–<br>–<br>– | –<br>–<br>–<br>– |
| 5 | –<br>–<br>–<br>– | –<br>–<br>–<br>– |

Maak een keuze en voer de oplossing uit.

## REGISTRATIEFORMULIER ONTSPANNINGSOEFENINGEN

Op dit formulier kunt u bijhouden op welk tijdstip u de ontspanningsoefeningen gedaan heeft, en hoe ontspannen u voor en na de oefening was. Schrijf onder 'opmerkingen' op welke moeilijkheden u bij het oefenen tegenkwam of andere dingen die u over de oefeningen kwijt wilt. Als u een dag niet geoefend heeft, laat u een regel open. De mate van ontspanning kunt u aangeven met een cijfer tussen 0 en 100. Rond de 50 is normaal, 0 is totaal ontspannen en 100 is maximaal gespannen.[1]

| datum | mate van spanning voor en na | opmerkingen |
|---|---|---|
| 27 juli | 80/60 | Mijn gedachten dwalen steeds af |
| | | |
| | | |
| | | |
| | | |
| | | |
| | | |
| | | |
| | | |
| | | |
| | | |
| | | |
| | | |
| | | |
| | | |
| | | |
| | | |
| | | |
| | | |
| | | |
| | | |
| | | |
| | | |
| | | |
| | | |
| | | |
| | | |
| | | |
| | | |
| | | |

[1] Uit: Slapeloosheid, Verbeek & Klip, 2005.

**GEDACHTESCHEMA**[1]

| situatie | gevoel | automatische gedachte(n) | uitdagen | functionele gedachte(n) | resultaat |
|---|---|---|---|---|---|
| Beschrijf de feitelijke gebeurtenis die leidde tot het onplezierige gevoel of de gedachtestroom, dagdroom of herinnering. | 1. Noteer welk gevoel.<br>2. Hoe sterk is dit gevoel? | 1. Beschrijf de automatische gedachte(n) die aan het gevoel vooraf ging(en).<br>2. Hoe geloofwaardig is deze gedachte voor u (0-100)? | 1. Stel vragen over de automatische gedachte(n).<br>2. Wat is het antwoord op deze vragen? | 1. Zet een functionele gedachte tegenover de automatische gedachte(n).<br>2. Hoe geloofwaardig is de functionele gedachte voor u (0-100)? | 1. Hoe geloofwaardig is nu de automatische gedachte (0-100)?<br>2. Tot welk gevoel leidt dit en hoe sterk is het (0-100)? |
| | | | | | |

Uitleg: Als u een onplezierig gevoel hebt, noteer dit gevoel dan onder **'gevoel'** en beschrijf onder **'situatie'** de situatie waarin u dit gevoel kreeg. (Dat kan ook zijn terwijl u aan het denken of dagdromen was; schrijf dat dan op.) Beschrijf daarna de automatische gedachte(n) die met dit gevoel te maken had(den) onder **'automatische gedachten'**. Geef aan hoe geloofwaardig deze gedachte voor u is, van helemaal niet (= 0) tot volkomen geloofwaardig (= 100). **'Uitdagen'** doet u door uzelf vragen te stellen over de automatische gedachten. U kunt zich bijvoorbeeld afvragen: Hoe waar is deze gedachte? Welke aanwijzingen heb ik hiervoor? Hoe kan ik weten wat anderen denken? Hoe kan ik de toekomst voorspellen? Vergeet ik niet naar de positieve kanten te kijken? Hoe zou ik kijken als de rollen omgekeerd zouden zijn? Wat zou een ander denken in deze situatie? Geef onder **'functionele gedachte'** een functionele gedachte die tegenover de disfunctionele gedachte gesteld kan worden. Geef aan hoe geloofwaardig deze functionele gedachte voor u is.

[1] Uit: C. van der Heiden en M.J.P.M Verbraak: Behandelprotocol bij aanpassingsstoornissen. Cure & Care Publishers, 2001.

# Toelichting bij het extra materiaal

In de oorspronkelijke uitgave van *Behandeling van langdurige slapeloosheid* was een cd-rom toegevoegd met aanvullend digitaal materiaal. Vanaf deze editie is al dit aanvullende materiaal vindbaar op: ▶ http://extras.springer.com

Vul op deze website in het zoekveld *Search ISBN* het ISBN van het boek in: 978-90-368-0753-1.

Let op: het is belangrijk om precies deze schrijfwijze aan te houden, dus met tussenstreepjes.

U treft op website extras.springer.com de volgende fragmenten aan:

1. *Uitleg stimuluscontrole*

In dit fragment wordt getoond hoe de therapeut aan de patiënt uitlegt hoe de stimuluscontroletechniek thuis kan worden toegepast. Ook ziet men hoe de therapeut de patiënt motiveert om deze zware oefening te doen.

2. *Uitleg slaaprestrictie*

In dit fragment wordt getoond hoe de therapeut aan de patiënt uitlegt hoe de slaaprestrictietechniek thuis kan worden toegepast. Ook ziet men hoe de therapeut de patiënt motiveert om deze zware oefening te doen.

3. *Nabespreken stimuluscontrole/slaaprestrictie*

Het thuis uitproberen van stimuluscontrole wordt nabesproken, bekrachtigd en er wordt een element van slaaprestrictie aan toegevoegd.

4. *Ontspanningsoefening*

Dit fragment toont een progressieve relaxatieoefening in combinatie met autogene training.

5. *Uitdagen van disfunctionele cognities*

In dit fragment wordt een disfunctionele cognitie van de patiënt opgespoord en uitgedaagd met behulp van een gedachteformulier.

6. *Uitdagen van disfuntionele cognities: hoe het niet moet!*

Hier wordt getoond hoe het verkeerd uitdagen een averechts effect kan hebben.

# Literatuur

American Academy of Sleep Medicine. *International Classification of Sleep Disorders, diagnostic and coding manual, second edition*, Westchester, 2014.
Baglioni C, Battagliese G, Feige B, Spiegelhalder K, Nissen C, Voderholzer U, Lombardo C, Riemann D. Insomnia as a predictor of depression: a meta-analytic evaluation of longitudinal epidemiological studies. *Journal of Affective Disorders*, 2011, 135, 10–19.
Bélanger L, Belleville G, Morin C. Management of hypnotic discontinuation in chronic insomnia. *Sleep Medicine Clinics*, 2009, 4, 4, 583–592.
DGV, Nederlands instituut voor verantwoord medicijngebruik, 2008. Slaap- en kalmeringsmiddelen; weet wat u slikt!
Edinger JD, Wohlgemuth WK, Radtke RA, Coffman CJ, Carney CE. Dose-response effects of cognitive-behavioral insomnia therapy: a randomized clinical trial. *Sleep*, 2007, 30, 2, 203–212.
Harvey AG. A transdiagnostic approach to treating sleep disturbance in psychiatric disorders. *Cognitive Behaviour Therapy*, 2009, 38, S 1, 35–42.
Littner M, et al. Practice parameters for using polysomnography to evaluate insomnia: an update. *Sleep*, 2003, 26, 6, 754–760.
Matthews EE, Arnedt JT, McCarthy MS, Cuddihy LJ, Aloia MS. Adherence to cognitive behavioural therapy or insomnia: a systematic review. *Sleep Medicine Reviews*, 2013, 17, 453–464.
Morgenthaler T et al. Practice parameters for the Psychological and Behavioral Treatment of Insomnia: An Update. An American Academy of Sleep Medicine Report. *Sleep*, 2006, 29, 11, 1415–1419.
Morin CM, Bootzin RR, Buysse DJ, Edinger JD, Espie CA, Lichstein KL. Psychological and behavioral treatment of insomnia: Update of the recent evidence (1998-2004). *Sleep*, 2006, 29, 11, 1398–1414.
Morin CM, Espie CA. *Insomnia. A clinical guide to assessment and treatment*. New York: Kluwer Academic/Plenum Publishers, 2003.
Morin CM, Vallières A, Guay B, Ivers H, Savard J, Mérette C, Bastien C, Baillargeon L. Cognitive behavioral therapy, singly and combined with medication, for persistent insomnia. A randomized controlled trial. *JAMA*, 2009, 301, 19, 2005–2015.
Morin CM, Vallières A, Ivers H. Dysfunctional Beliefs and Attitudes about *Sleep* (DBAS): validation of a brief version (DBAS-16). *Sleep*, 2007, 30, 11, 1547–1552.
Morin CM. Chronic insomnia. *The Lancet*, 2012, 1–13.
Morin CM. Insomnia: Psychological assessment and management. New York: The Guilford Press, 1993.
Orlemans JWG, Eelen P, Hermans H (red.). *Handboek voor gedragstherapie*. Houten: Bohn Stafleu van Loghum, 1993.
Riemann D, Perlis ML. The treatments of chronic insomnia: a review of benzodiazepine receptor agonists and psychological and behavioral therapies. *Sleep Medicine Reviews*, 2009, 13, 205–214.
Spielman A, Glovinsky P. The varied nature of insomnia. In: Hauri PJ (ed.), *Case studies in insomnia* (pp. 1–15). New York: Plenum Press, 1991.
Van de Laar M, Pevernagie D, Van Mierlo P, Overeem S. Psychiatric comorbidity and aspects of cognitive coping negatively predict outcome in cognitive behavioral treatment of psychophysiological insomnia. *Behavioral Sleep Medicine*, 2014 Apr 7 (Epub ahead of print).
Verbeek I, Klip E. *Slapeloosheid. BOOM hulpboek*. Amsterdam, BOOM, 2013.
Verbeek IH, Konings GM, Aldenkamp AP, Declerck AC, Klip EC. Cognitive behavioral treatment in clinically referred chronic insomniacs: group versus individual treatment. *Behavioral Sleep Medicine*, 2006, 4, 3, 135–151.

Printed in Dunstable, United Kingdom

91343461R10047